Guy Carlier, ancien directeur financier, est devenu à la radio l'un des plus redoutables et inspirés chroniqueurs du petit écran, d'abord auprès de Laurent Ruquier en 1995 (sous le pseudonyme de Monsieur Le Tallec) puis en l'an 2000, dans l'émission de Stéphane Bern, "Le fou du roi". Après *Splendeurs et misères du petit écran* (2000, Hors Collection), Guy Carlier a publié chez le même éditeur ses *Chroniques télé & lettres matinales* (février 2002) et les *Ultimes chroniques télé* (janvier 2003).

Guy Carlier, ancien directeur financier, est devenu à la radio l'un des plus redoutables et inspirés chroniqueurs du petit écran, d'abord auprès de Laurent Ruquier en 1995 (sous le pseudonyme de Monsieur Le Taillec) puis en l'an 2000, dans l'émission de Stéphane Bern, "Le Fou du roi". Après *Splendeurs et misères du petit écran* (2000, Hors Collection), Guy Carlier a publié chez le même éditeur les *Chroniques télé et autres [illegible]* ([illegible] 2002) et les *Chroniques télé* (janvier 2003).

ULTIMES CHRONIQUES TÉLÉ

DU MÊME AUTEUR

CHEZ POCKET

SPLENDEURS ET MISÈRES DU PETIT ÉCRAN

NOUVELLES CHRONIQUES TÉLÉ

(ET LETTRES MATINALES)

J'VOUS AI APPORTÉ MES RADIOS

GUY CARLIER

ULTIMES CHRONIQUES TÉLÉ

HORS COLLECTION

ISBN 2-266-13903-7

SOMMAIRE

À François Morel.

À Antoine de Caunes.

À Monsieur Moureaux.

C'est ma chouchoute, Sophie Davant, qui a trouvé le mot juste pour qualifier la télévision, alors qu'elle venait à 8 heures du matin dans la session de William Leymergie annoncer le sommaire de sa propre émission. 8 heures, c'est tôt pour Sophie. Elle est arrivée, le rouge à lèvres façon Picasso, le petit caca au coin des yeux gonflés de sommeil... Et quand William Leymergie lui a demandé le sommaire de son émission, elle a eu un trou. Alors, avec cet enthousiasme enfantin qui la caractérise, elle lui a répondu d'une voix joyeuse, sans se démonter :
« Aujourd'hui, nous avons un sommaire archivarié ! »
« Archivarié ». Ce néologisme involontaire et magnifique convient parfaitement à la télévision.
Voici donc quelques conneries télévisées « archivariées ».

G. C.

« Le troisième millénaire sera le siècle
de la télévision. »

Alain Delon

J'ai découvert un nouveau jeu intitulé *Allô Quiz*, diffusé par TF1 chaque matin à 9 h 20. On se demande comment un être normalement constitué peut se dire : « Tiens, voici une nouvelle journée, l'ami Ricoré va venir, à nous deux la vie ! Et pour démarrer la journée à fond, je vais regarder *Allô Quiz* sur TF1 à 9 h 20 » !

En découvrant cette nouvelle émission sur mon programme télé, je pressentais qu'elle m'apporterait beaucoup de satisfactions. Eh bien, je n'ai pas été déçu…

Le jeu est présenté par une demoiselle nommée Sophie Coste. Pour vous donner une idée, elle ressemble à Annie Pujol, mais en pire. Vous vous souvenez sans doute d'Annie Pujol, la coprésentatrice du *Juste prix* avec Philippe Risoli – mon Dieu, comme ça paraît déjà loin ! Quand on pense qu'aujourd'hui Annie et Philippe coulent tous les deux des jours paisibles à la maison de retraite Les Myosotis ! Annie Pujol, c'est celle qui avait un rictus, un peu comme si elle était indisposée en permanence… Eh bien, pour être tout à fait honnête, Sophie Coste, c'est Annie Pujol, mais en plus vulgaire !

Je vous explique la règle d'*Allô Quiz* : les téléspectateurs doivent trouver le nom d'un métier, pour lequel Sophie Coste donne aux téléspectateurs cinq indices très difficiles. Hier, par exemple, comme indices il y avait « école primaire », « éducation », « enfants », « tableau noir » et « classe ». C'est vous dire si c'est difficile ! Mais comme les auditeurs doivent téléphoner leur réponse en composant un numéro qui coûte une fortune à la minute, vous l'avez compris, il s'agit encore d'une escroquerie signée TF1 uniquement destinée à recevoir le plus grand nombre d'appels surtaxés !

Sur le plateau, deux candidats sont là pour boucher les trous quand personne ne téléphone. Parce que la plupart du temps, il n'y a pas de gagnant. Vous avouerez que les questions sont quand même difficiles...

Mais surtout, tenez-vous bien, c'est la première fois de ma vie que je vois un truc pareil à la télé : pendant toute l'émission, à intervalles réguliers, on jette un chien à l'animatrice ! Le réalisateur a eu l'idée, pour rendre l'émission plus conviviale et détourner l'attention de la prestation pitoyable de la présentatrice, d'envoyer un chien sur le plateau. Le problème, c'est que la pauvre bête n'a absolument pas envie de se trouver à côté de Sophie Coste ! La première fois, on a vu le chien, poussé dans le champ des caméras, qui freinait de toutes ses forces avec ses pattes avant... Et dès que l'assistant l'a lâché, il s'est enfui à toute vitesse ! La fois suivante, un assistant l'a balancé dans le champ : on a vu l'animal atterrir sur le plateau en hurlant : « Kaï ! Kaï ! », pédaler dans le vide en paniquant parce que ça glissait, et repartir à toute allure ! Et la scène s'est reproduite une dizaine de fois ! Un coup on le jetait depuis la droite, un autre de la gauche... Une autre fois, on l'a vu entrer à reculons dans le champ, terrorisé par les ordres de son maître qui hurlait : « Assis ! » Ce qui n'empêchait pas la pauvre bête de s'enfuir à toute vitesse !

Mais venons-en à l'émission elle-même. D'abord, un terrible constat s'impose : la présentatrice n'a pas compris la règle du jeu. Elle suit donc en permanence ce qu'on lui dit dans l'oreillette. Évidemment, le rythme de l'émission s'en ressent un peu : lorsque la régie lui parle à l'oreille, pour meubler pendant qu'elle écoute, elle fait : « Hum... hum... Ah ! oui, d'accord, eh bien, donc... »

Hier, vingt minutes après le début de l'émission, Sophie demande : « Alors, avons-nous quelqu'un au téléphone ? » Mais il n'y avait personne, car les auditeurs n'avaient toujours pas trouvé la profession avec « école primaire », « éducation », « enfants », « tableau noir », « classe »... Et, comme c'est vrai que c'était difficile, notre amie Sophie a cru utile de donner un petit indice : « Quand vous étiez petit, à l'école, vous aviez affaire à un... ? » On a entendu l'oreillette grésiller. Elle a fait : « Euh... Eh bien, donc... Non... On n'a personne au téléphone... » Et là, elle ne savait plus quoi faire. Les deux candidats sur le plateau attendaient, mais elle ne savait plus pourquoi ils étaient là ! L'oreillette a grésillé de nouveau et Sophie s'est exclamée : « Hum... Hum... Ah ! oui, d'accord ! Eh bien, donc, on joue, euh... eh bien, donc... avec les candidats !... Alors, Alexandre, bonjour, vous faites quoi dans la vie ? » Le candidat : « Bonjour, je suis agent d'escale dans une compagnie aérienne. » Là, Sophie Coste l'a regardé en plissant le front et, après un silence interminable – on devinait que le réalisateur dans l'oreillette lui hurlait : « Mais demande-lui en quoi ça consiste, andouille ! » –, Sophie a fini par dire : « Hum... Hum... euh... eh bien, donc... – à l'oreillette – ... Ah !

oui d'accord, je demande en quoi ça consiste, agent d'escale ?... » Le candidat explique, et Sophie enchaîne en lisant sa fiche – oui, parce que , comme la production de l'émission a vu qu'on avait affaire à une pointure, ils ont prévu oreillette plus fiche, plus panneaux brandis par les assistants, plus prompteur ! Elle enchaîne donc en lisant : « Alexandre, il paraît que vous aimez le sport et *moving*... Oh ! mais... Qu'est-ce que c'est, le *moving* ? » On voit le candidat, gêné, qui toussote : « Hum... euh, non, Moving, c'est le nom d'une salle de sport, un peu comme Gymnase Club, vous voyez ? » Sophie : « Euh... eh bien, donc, c'est une marque, on n'a pas le droit de dire Moving, si c'est un nom de salle de sport, Moving ! » À cet instant, réalisant qu'elle avait dit une connerie, elle croit utile de se justifier : « Excusez-moi, y avait écrit « Moving », alors moi, j'ai lu « Moving », bêtement ! » Oui, bêtement. C'est bien l'adverbe qui convenait. Après avoir répété « Moving » quinze fois, la voilà qui s'illumine : l'oreillette lui annonce qu'il y a enfin un candidat au téléphone. Et pendant ce temps-là, à chaque fois qu'il y avait un plan large, on voyait le chien voler, atterrir sur le plateau, puis s'enfuir à toute allure !

Enfin, ayant jugé que le nombre d'appels nécessaires pour s'acheter un nouveau 4x4 était atteint, le producteur de l'émission décide de prendre un téléspectateur à l'antenne. Il prévient Sophie grâce à l'oreillette. Soulagée, cette dernière, s'exclame avec beaucoup de classe : « Ah ! ben, on a quéquin au téléphone ! » La téléspectatrice donne évidemment la bonne réponse et on entend un jingle censé marquer le triomphe. Mais, comme ils veulent limiter les frais au maximum

– Sophie est en contrat-jeune, le décor a été acheté d'occasion à la télévision ukrainienne... –, le jingle consiste en cinq notes pathétiques jouées à l'orgue Bontempi. Après un tel jingle, allez instaurer un climat d'allégresse ! Sophie Coste a beau hurler : « Ouais, gagné ! », l'ambiance reste aussi festive qu'une après-midi d'automne chez Jacques Doillon ! Ce qui n'a pas empêché la gagnante de laisser éclater sa joie. Du coup, elle réveille son compagnon qui dormait et elle lui dit : « Gilles, j'ai gagné 13 000 francs ! » Sophie, qui n'avait rien compris : « Hein ?... À qui dites-vous que vous avez gagné... ? À vous-même ? » L'autre : « Ben non, à mon copain ! Je m'appelle pas Gilles ! » Sophie : « Eh oui, vous avez gagné 2 000 et quelques euros ». On lui donnait le montant dans l'oreillette, mais elle n'avait pas la capacité de retenir tous les chiffres, alors elle a dit : « 2 000 et quelques euros. » Et pour détourner l'attention, paf ! on lui balance le chien ! La pauvre bête atterrit et fait : « Kaï ! Kaï ! », pédale dans le vide et repart. C'était pathétique...

Ensuite, le jeu des syllabes. Là aussi c'était particulièrement difficile, puisqu'il s'agissait de retrouver un mot dont les syllabes étaient écrites dans un mauvais ordre. Le problème, c'est que le synthétiseur qui devait afficher le mot est tombé en panne. Je vous laisse imaginer la détresse de Sophie. Du coup, complètement déstabilisée, elle annonce la fin de l'émission : « Eh bien, *Allô Quiz*, c'est fini, au revoir et à demain ! » Et là on entend grésiller l'oreillette, on voit le chien atterrir, et Sophie : « Euh... eh bien, donc, non, c'est pas fini, je me suis trompée ! C'est la pub !... » Et au moment où la pub va démarrer, on l'entend dire, – elle pensait qu'elle n'était plus à l'antenne : « Ah ! dis donc, j'me suis trompée, j'croyais qu'c'était fini !... » Nous aussi, on l'espérait !

MARS 2002 (1)

En alternance avec Sophie Coste, une semaine sur deux, l'émission *Allô Quiz* est présentée par un dénommé Roblès. Oui, parce qu'un seul être humain ne peut présenter cette... chose en permanence.

En revanche, le chien est toujours le même, et depuis hier ils ont enfin trouvé la solution : ils lui jettent une balle. Du coup, la bête oublie son stress et joue. Sauf qu'à un moment, en courant après la baballe, il a cogné le pupitre de Roblès en faisant tomber les fiches !... Un peu plus tard, le présentateur s'est aperçu qu'il lui manquait des fiches, et en regardant si elles n'étaient pas tombées, il a découvert que le chien les mangeait !

Hier, Roblès énumère des noms de comédiens dont le candidat devait dire s'il avait été ou non « césarisé ». Dans la liste figure Bourvil, qui ne risque pas d'être césarisé vu qu'il est mort cinq ans avant la première cérémonie – mais ça, Roblès ne le sait pas. Alors, à la fin de l'épreuve, le voilà qui soudain s'insurge : « C'est scandaleux ! Un comédien comme Bourvil n'a jamais eu de césar, c'est pas normal ! » On entend le bruit caractéristique du grésillement de l'oreillette, et on devine que le réalisateur lui hurle dans l'oreille : « Mais non, pauv'con, il est mort avant !... » Alors Roblès a une phrase magnifique : « Ah ! oui, il est mort avant les césars, peut-être, mais on aurait pu lui donner autre chose ! »

En tout cas, une chose est sûre : si un jour on décerne un césar de la connerie, Roblès ne mourra pas sans l'avoir reçu pour l'ensemble de son œuvre !

MARS 2002 (2)

Hier, j'ai retrouvé avec plaisir Sophie Coste, présentatrice du jeu *Allô Quiz* sur TF1. On la sentait d'emblée dans un grand jour, puisqu'elle a annoncé : « Et voici notre nouvelle candidate qui s'appelle Jacques... et qui est donc un candidat ! » Jacques était opposé à Micheline et il a fait un sans faute, contrairement à Sophie Coste, qui a déclaré : « Bravo, Jacques, vous avez fait un sans faute. Maintenant, Micheline, il faut faire mieux ! »

À un moment, elle devait donner aux candidats une liste de célébrités, et on devait lui dire lesquels étaient grands-pères. Ça paraît simple. À vous, oui, mais pas à Sophie. Elle lisait et relisait sa fiche en disant : « Attendez un peu que je regarde... pour bien comprendre... Voilà... non... Attendez encore un peu que je relise bien... Qu'est-ce que c'est que cette liste... ? Non, parce que moi je sais pas... » En effet, elle ne savait vraiment pas, puisque dans la liste figurait le nom Hallyday, et qu'à la fin de l'épreuve elle s'est exclamée : « Ah ! ben oui, c'est vrai, Johnny Hallyday, il est grand-père ! Il a eu des petits-enfants !... Il les a eus avec David ! »

Puis la candidate Stéphanie est tombée sur un questionnaire d'une facilité déconcertante pour elle, puisqu'il s'agissait de décalage horaire et qu'elle était hôtesse de l'air. Sophie : « Parmi ces célébrités, lesquelles... Non, ça on a joué avec déjà... Ah ! voilà... Vous allez jouer avec le décalage horaire et vous allez me dire s'il y a des heures en plus ou moins en heures… par rapport à Paris. » Évidemment devant une phrase tellement absconse, la candidate n'avait pas compris si le décalage concernait Paris par rapport à la ville ou l'inverse. Elle a eu tout faux, alors qu'elle connaissait toutes les réponses ! Et notre amie Sophie, faux-cul, de conclure : « Maxi-méga-plantade de Stéphanie, mais c'est pas grave ! »

MARS 2002 (3)

J'ai pris l'habitude de brocarder Julien Lepers, mais que sont les « leperseries » à côté des « costeries » ? Notre nouvelle amie Sophie Coste anime le jeu *Allô Quiz* chaque matin à 9 h 20. Elle pose une question vachement dure aux téléspectateurs en donnant cinq indices. Hier, il fallait trouver un aliment. Les indices étaient : « dur », « sur le plat », « cocotte », « en omelette », « brouillé »… Mais les gens n'appelaient pas ! Au début, j'ai cru bon d'ironiser sur le niveau intellectuel des gens qui regardaient cette émission, vu le temps qui s'écoulait avant que Sophie ne prenne un gagnant au téléphone. Maintenant j'ai l'explication. C'est un auditeur qui me l'a donnée par e-mail. C'est une escroquerie. Voici ce que nous écrit Olivier de Compiègne : « Cher monsieur Carlier… Quel talent… – Bon, je passe le début…– Intrigué par votre chronique, j'ai regardé *Allô Quiz* et je n'ai pas été déçu. Il fallait trouver un sport et les indices étaient “figure libre”, “double axel”, “Philippe Candeloro”, “juges”, “glace”… Comme il me semblait étonnant qu'aucun téléspectateur ne trouve rapidement la réponse, j'ai téléphoné pour répondre. En fait il s'agit d'une loterie déguisée : lorsqu'on appelle (0,56 euro l'appel), une voix vous répond : "Votre appel n'est pas sélectionné, veuillez rappeler." » Donc, il s'agit d'une arnaque en bonne et due forme qui fait passer pour un pseudo-jeu de connaissance une simple loterie ! L'animatrice pourrait tout aussi bien dire : « Veuillez téléphoner pour dire le mot pelle à tarte », ce serait pareil ! Vous allez me dire « Alors, Carlier, vous voyez bien que les téléspectateurs de TF1 ne sont pas si cons que ça ! » En fait, ils trouvent tout de suite, mais ils doivent appeler une centaine de fois pour avoir une chance d'être retenus. C'est-à-dire que pour gagner 500 euros, ils en dépensent 700 ! Non, c'est vrai, les téléspectateurs de TF1 ne sont pas si cons que ça !

Hier, dans la séquence intitulée « Pile ou face », Sophie Coste donnait à la candidate une liste de films, et cette dernière devait dire s'ils étaient interprétés par Bourvil ou Fernandel. Seulement, vous le savez, Sophie nous a révélé qu'il y a bien longtemps qu'elle n'est plus scolarisée, par conséquent elle a beaucoup perdu sur le plan de la lecture. Donc elle annonce le principe à la candidate, mais là elle voit sur sa fiche les titres des films, et s'aperçoit que d'habitude les réponses sont en un seul mot, alors que là il y en a plusieurs ! La panique la saisit. Vous imaginez, lire très vite plusieurs mots écrits à la suite ! Et la voilà qui se met à essayer de gagner du temps pour réviser… Ça donne : « Bon, euh… Ben voilà Éliane… Vingt secondes… Je vais essayer d'aller très vite. » Puis un silence interminable, pendant lequel elle lit sa fiche en suivant du doigt comme le font les élèves de CE 2… Elle finit par dire : « Attendez, je les relis un peu avant pour me les mettre en tête ! »

Vient le tour de l'autre candidat. Là, ça semblait plus facile à Sophie, il s'agissait de lire des noms de fruits, le candidat devant dire si c'étaient des fruits avec ou sans coque. Et elle lui précise : « Vous devez me dire "avec" ou "sans", sinon on va s'emberlificoter ! » Mais elle était tranquille, puisqu'elle n'avait qu'un seul mot à lire !... La voici qui commence : « amande », « banane », « noisette »... À chaque fois, le candidat répondait « avec » ou « sans », tout allait bien. Et c'est là qu'elle s'est déconcentrée ! Sur sa fiche, à la fin de sa liste, il était écrit « fin de liste ». Je vous jure que c'est vrai, elle a cru que c'était un fruit, donc ça a donné : « Pistache ? » Le candidat : « Avec ! » « Cacahuète ? — Avec ! — Mangue ? — Sans ! — Noix de cajou ? — Avec ! — Pignon ? — Avec ! — Papaye ? — Sans ! — Noix de coco ? — Avec ! — Fin de liste ? »... Et là, le candidat la regarde comme si elle était une *alien*. Sophie croyait que « fin de liste » était un fruit ! Heureusement, le réalisateur a envoyé le jingle Bontempi. Du coup, elle a compris son erreur et essayé de rattraper le coup en répétant : « Fin de liste... fin de liste... Ouais !... Extraordinaire !... »

AVRIL 2002

Je voudrais vous annoncer, non sans une certaine fierté, que j'en suis à mon trente-neuvième jour. Eh oui, trente-neuf jours sans regarder Julien Lepers ! Vous savez que j'ai décidé d'arrêter. Il faut de la volonté, c'est pas facile ! Attention, on ne peut pas y arriver tout seul ! Moi, je fais ça sous contrôle médical, et je dois prendre de la connerie télévisée de substitution ! Le toubib m'a prescrit de la Sophie Coste parce que, même si ce n'est pas de la connerie pure, ça y ressemble bien. Et puis je me suis inscrit aux LA, les Lepersiques anonymes. Ce sont des réunions de personnes qui ont été accros à Julien Lepers, d'anciens lepersiques qui ont décroché... Bon, on voit bien à certains petits signes qu'elles ne sont pas totalement guéries : elles portent d'horribles vestes orange et disent : « Un immense bonsoir à tous ! » Mais c'est très chaleureux. La première fois, vous dites : « Je m'appelle Guy et je suis lepersique. » Et tout le monde répond : « Bonjour, Guy ! », et personne ne vous juge...

Mais le plus dur, c'est que, si on veut arrêter Lepers, il faut arrêter d'un coup. Il ne faut pas dire : « Je vais diminuer peu à peu. » Non. Ça, on ne peut pas...

Je prends donc consciencieusement ma méthadone : je regarde Sophie Coste.

La grande angoisse de Sophie, c'est la partie de *Allô Quiz* dans laquelle elle doit énumérer une liste de propositions que le candidat doit mettre dans une catégorie ou une autre. Dès qu'arrive cette épreuve – c'est le cas de le dire –, elle dit : « Attendez, je révise bien ma liste. » Les candidats, gênés, regardent leurs ongles en sifflotant... Un assistant balance le chien dans le champ pour créer une diversion... Et Sophie prend son temps... On finit par entendre le réalisateur hurler dans l'oreillette : « Alors ?... » Là, Sophie répond : « Je révisais ! » Oui, parce qu'elle n'a pas compris que l'oreillette, c'est fait pour être discret : elle, elle répond tout fort au réalisateur ! Et elle se replonge dans la lecture de ses fiches, on la voit qui relit tout bas en articulant, comme les élèves de CE 2... Et puis elle regarde la caméra et annonce : « Ah ! ben ça commence bien, le premier mot je le connais même pas ! » Là, on entend distinctement dans l'oreillette le réalisateur : « Mais t'es vraiment très con ! » Et Sophie lui répond tout haut : « Oui, d'accord, chui très con ! »[1]

Vous le voyez, Sophie Coste, c'est de la bonne connerie de substitution. Mais j'étais habitué à mon petit Lepers… Quand je pense qu'il est là, chaque soir à 18 h 20… Et surtout quand je pense à toutes ces conneries qui vont être perdues, ça me rend malade !

ALONSO ISABELLE

SEPTEMBRE 2002

Chère Isabelle. Je vous ai vue hier soir dans l'émission de Laurent Ruquier, *On a tout essayé*, sur France 2. Pour ceux qui l'ignoreraient encore, vous êtes la pourfendeuse de la misogynie, une sorte de Jeanne Hachette de la lutte pour l'égalité des sexes. Quand je dis Hachette, je veux parler d'édition, pas de courage. Dès qu'une femme est l'objet d'une injustice, vous montrez les dents. Pour être honnête, vous montrez aussi la mâchoire, l'os parodontal. Et en regardant bien, on peut apercevoir la base de vos sinus, c'est dire à quel point vous êtes indignée !

Hier soir, vous avez avec courage dénoncé une injustice terrible, celle d'une femme bafouée qui croupit en prison. J'ai pris l'émission en cours, car je zappe pendant

1. authentique.

les caméras cachées de Dan Bolander. Dan Bolander, ça fait des années qu'il fait ça, donc tout le monde le reconnaît. Mais lui, il croit qu'en se mettant un faux nez et des moustaches de farces et attrapes les gens ne vont pas l'identifier ! En fait, à chaque fois qu'il commence une séquence de caméra cachée, un anonyme lui dit : « Ah ! tiens, salut Dan Bolander ! Vous êtes rigolo, comme ça, avec votre faux nez et votre moustache ! » Et lui, résigné : « Bon, on la refait. Dites-moi mon vieux, si vous voulez passer à la télé, vous avez intérêt à faire semblant de ne pas me reconnaître ! » Et le passant : « Ah ! bon, d'accord. Excusez-moi, monsieur Bolander... » En plus, c'est mal filmé. On voit en arrière plan des assistants repousser les badauds qui se marrent...

Bref, je zappe donc sur l'émission de Laurent Ruquier, espérant tomber sur Claude Sarraute ou Isabelle Mergault que j'adore... Bon, c'était vous, chère Alonso. Je me suis dit : « Tant pis, allons-y pour Alonso ! » – je sais, celle-là, on doit vous la faire depuis la maternelle ! Et je tombe sur vous au moment où vous dénoncez avec passion les salauds misogynes qui ont mis injustement une femme en prison. Je me suis dit que vous parliez de Safiya, cette jeune Nigériane accusée d'adultère et condamnée à mort par lapidation dans un tribunal islamique de Sokoto, un des États du Nigeria qui applique la *charia.* Je dois reconnaître que j'admirai votre courage. Vous avez dit qu'une pétition circulait pour la libérer, on devinait que vous étiez prête à prendre le premier avion pour Lagos et que, si vous ne le faisiez pas, c'est parce que vous aviez des raisons majeures – une émission avec Franck Dubosc ou des trucs impératifs du même genre. Mais j'ai très vite compris que vous ne parliez pas de Safiya, mais de madame Edita Rumsas, la femme du coureur cycliste Raimondas Rumsas. Arrêtée par les douanes avec une voiture pleine d'anabolisants, elle a affirmé sans rire qu'ils étaient destinés à sa vieille grand-mère qui souffre d'arthrose en Lituanie !

Chère Isabelle Alonso, vous avez dénoncé cette injustice majeure avec un courage qui vous honore, comme à chaque fois que les femmes sont bafouées, vous, la baroudeuse, qui n'hésitez pas à aller dans chaque endroit du monde, même les plus hostiles – je me souviens notamment de ce raid au Fouquet's lorsque vous avez appris que cet établissement interdisait l'entrée aux putes. Le problème, c'est que votre trajet habituel pour vous rendre dans la radio locale où vous officiez est rue de Rivoli, Étoile, Champs-Élysées, avenue Montaigne. Et les minibus amenant les femmes voilées à la mosquée d'Argenteuil, juste derrière chez moi, vous ne les voyez jamais. C'est pour ça que vous n'en parlez jamais. Pas par lâcheté. En tout cas, grâce à vous il y a très peu de femmes lapidées avenue Montaigne. L'humanité entière vous en remercie.

ARDISSON THIERRY

OCTOBRE 2001

Thierry Ardisson se plaint toujours d'être plagié. Lundi, dans *Ça s'en va et ça revient*, c'est lui qui nous a ressorti une émission vieille de quinze ans, *Avis de recherche.* Mais il se l'est offert à lui-même, l'avis de recherche. C'est-à-dire qu'il a retrouvé ses copains de fac, trente ans après, et en les voyant entrer sur le plateau il a fait celui qui n'était pas au courant. Il était incroyablement surpris par les invités mystères. Et il y avait de quoi, puisqu'il ne les avait plus revus depuis... le maquillage !

Ce type est producteur et présentateur de son émission. Vous pensez bien que tout ça a été répété... Il avait même demandé à la maquilleuse de lui mettre un peu de glycérine au coin des yeux pour la larme d'émotion !...

Un jour, Ardisson, avec le courage des lâches qui le caractérise, à osé demander à Michel Rocard si « sucer c'est tromper ». Je ne sais pas si sucer c'est tromper, mais simuler l'émotion c'est nous prendre pour des cons !

JANVIER 2002

Thierry Ardisson a lancé une campagne pour la libération de Michael Blanc, emprisonné en Thaïlande pour trafic de drogue. Pour réunir des fonds, il a mis aux enchères des objets appartenant à des célébrités. Par exemple, la victoire de la musique de Johnny Hallyday est partie à 150 000 francs. Généralement, chaque article atteint 100 000 francs. Tout, sauf la guitare de Didier Barbelivien qui a péniblement atteint 3 500 francs... En plus, c'est lui qui doit téléphoner en déguisant sa voix pour surenchérir... Vous imaginez le type qui met une enchère pour acheter la guitare sur laquelle a été composé *Est-ce que tu viens pour les vacances ?* Non, moi je suis sûr, au contraire, que des gens ont téléphoné pour donner de l'argent afin que

Barbelivien garde sa guitare ! Si Ardisson avait mis la guitare aux enchères dans ce sens-là, je suis sûr qu'il aurait récolté une fortune !

ARTE

JUIN 2002

J'aimerais élever le niveau de cette chronique télévisée, parler enfin de culture en évoquant la thématique d'Arte consacrée aux anciennes républiques soviétiques, plus précisément le documentaire intitulé *Ukraine, ma patrie, ma mère.*

Bon d'accord. Puisque vous insistez, avant ça, on évacue tout de suite une connerie du *Loft* et on revient tout de suite à *Ukraine, ma patrie, ma mère.*

Hier matin dans le *Loft*, le coq avait quitté son poulailler et n'arrêtait pas de chanter, ce qui a énervé notre ami David. Il a dit : « Mais qu'est-ce qu'il a à crier comme ça, ce coq ? » Angela, voyant monter la colère de son amoureux, lui a dit pour le calmer : « Laisse-le chanter, il appelle sa coque ! »

Bon voilà, on est débarrassé des âneries, venons-en à *Ukraine, ma patrie, ma mère.*

Comment ?... Bon d'accord, mais juste une petite leperserie pour se détendre avant la culture...

Hier soir, notre ami Julien tout excité annonce qu'une candidate, Mathilde, présente une particularité. On le voit lire sa fiche en disant : « Mathilde, avant de jouer je dois signaler que vous êtes née… »

Et là, il n'arrive pas à déchiffrer la suite. Pensant qu'elle va l'aider, il répète :

— Vous avez une particularité Mathilde, vous êtes née…

Mais Mathilde n'était absolument pas décidée à l'aider, et elle répond juste :

— Oui !

Alors Julien sort les avirons :

— Mathilde, vous êtes née… Vous êtes née…

Silence prolongé de la dame. Et Julien, sublime :

— Bon, déjà, vous êtes née !…

— Ah ! Ben oui !

Et là brusquement, Julien :

— Vous êtes née avec deux dents.

Elle :

— Oui, comme Napoléon.

— Mais surtout, votre fils lui, est né avec une dent !

— Oui.

— Mais cette dent, vous l'avez sentie quand il est né ?

Et là, on imaginait le nouveau-né mordant le cul de sa mère. C'est ça qui est bien avec Julien Lepers, la vie devient un dessin animé !

Plus tard dans l'émission, un candidat devait répondre à un questionnaire sur les collectionneurs. Julien demandait :

— Que collectionne un philatéliste ?… Que collectionne un numismate ?…

Et le type répondait correctement. Quand tout à coup arrive la question :

— Que collectionne un gazettiste ?

— Il collectionne des gaz ?

Ça, c'est pas un gazettiste, c'est un pétomane !

Bien… Comme promis, voici maintenant *Ukraine, ma patrie, ma mère…*

Bon d'accord, un peu de foot juste avant avec la coupe du monde, et ce commentaire de Guy Roux lors de Brésil-Angleterre : « Quand Beckham fait dix passes, huit sont vers l'avant, deux sont latérales, et le reste en retrait… »

Je ne sais pas si vous avez vu la publicité où l'on voit un type très laid, installé sur une terrasse au-dessus de la mer, qui explique qu'il vient de gagner au Loto et qu'il s'offre ce spot de pub pour envoyer un message à son ex-femme, car elle l'a quitté pour son garagiste. Hier, nouvelle pub, le même gars qui s'adresse à nous : « Excusez-moi de vous importuner avec toutes mes histoires, j'ai dû racheter un peu d'espace télévisé car il faut que je parle à Françoise. Françoise, j'ai un problème, qu'est-ce que je vais pouvoir faire aujourd'hui ?… Je me demande si je vais louer un hélicoptère pour aller jouer au casino à Monaco ou bien louer un jet pour aller me baigner aux Seychelles… Ah ! ma Françoise, toi, tu savais prendre les bonnes décisions !… » Et il s'allonge de nouveau en s'éventant avec ses bulletins de Loto, en chantant : « Loto… Loto, Loto, Loto, Loto, Loto… » Et on se dit que la Françoise a bien fait de larguer un blaireau pareil ! Et, à la réflexion c'est déjà assez humiliant pour les femmes de laisser penser, comme le fait la Française des jeux, qu'elles peuvent revenir avec un con pareil sous prétexte qu'il a gagné au Loto !

Bon, voici enfin *Ukraine, ma patrie, ma mère.* Ça commence par un plan fixe de dix minutes sur la neige qui tombe sur une plaine d'Ukraine un lundi de novembre, avec, au loin, un arbre mort. Une vieille femme, pliant sous le poids d'un fagot, marche sur un chemin boueux. Au loin, un vol de corbeaux s'enfuit au bruit du dernier train qui part pour Doborovska... Ah ! dommage, on n'a plus le temps... Je vous raconterai la suite la prochaine fois !

BERN STÉPHANE

SEPTEMBRE 2001

Beaucoup de choses à dire aujourd'hui sur le dernier week-end à la télévision. À cet instant, Stéphane Bern se dit : « Ah ! ben tant mieux, comme ça il me lâchera un peu les poulaines ! » Oui, il ne dit pas : « Lâche-moi les baskets », mais « lâche-moi les poulaines », vous savez, ces chaussures très longues qui rebiquent avec un petit grelot au bout ! Stéphane est soulagé, il se dit : « Avec un peu de pot, pour une fois, Carlier ne va parler que de télé. Si ça se trouve, il ne s'est pas aperçu que c'est l'anniversaire de la mort de Charlemagne et je n'aurais pas à raconter que je suis allé ce week-end à la messe de commémoration à Aix-la-Chapelle, où j'ai communié après m'être confessé. »

Deux ans déjà ! Cher Stéphane Bern, quand je pense que vous êtes arrivé au micro de France Inter quasiment vierge. Sur le plan radiophonique, bien sûr !... Et depuis deux ans, les auditeurs se sont familiarisés avec le petit monde enchanté dans lequel vous vivez : votre compagne, la princesse de Chimay, et tout son appareillage, le Shopi de la rue des Martyrs, et puis cette élégance signée Dormeuil qui évoque irrésistiblement monsieur Maurice Couve de Murville…

Malheureusement, sur le plan télévisuel, vous vivez toujours des jours difficiles. Faisons un point rapide sur votre recherche d'emploi. À TF1 vous êtes grillé, ils ont appelé la sécurité pour vous jeter violemment dehors, les types vous ont balancé sur le trottoir et se sont acharnés sur vous à grands coups de rangers. Concernant France 2, vous n'avez pas de nouvelles. Pourtant vous avez été bon à l'examen d'embauche la semaine dernière, en qualité d'invité dans *On a tout essayé* de Laurent Ruquier, la seule émission dont le montage est réalisé à la tronçonneuse. Je ne sais pas si vous avez remarqué, c'est hallucinant ! On voit une scène où tout le monde se marre et applaudit. Et paf ! l'image suivante, c'est Miller qui parle dans un silence de mort !

Tout ça pour dire, cher Stéphane, que financièrement ça ne doit pas être facile tous les jours. Surtout que maintenant vous avez vidé le livret de Caisse d'Épargne de la princesse de Chimay. Je me suis laissé dire que vous cherchiez un petit boulot d'appoint dans le domaine de la restauration… Si un restaurant italien peut offrir un emploi de pizzaiolo, il peut vous contacter à France Inter ! Rappelons que Stéphane Bern peut également assurer le nettoyage de caves ou repeindre une cuisine – d'aucuns disent qu'il est très adroit de ses mains !

Aujourd'hui vendredi, dernière chronique de la semaine. Pour être franc je n'ai rien fichu. Voilà, je vous le dis franchement, j'ai pas regardé la télé. Ou plutôt si, j'ai regardé le match de foot PSG-Bordeaux en culpabilisant – mais c'était trop bon. Et là je suis dans la position du mauvais élève qui n'a pas révisé et qui doit passer l'oral. Alors que fait le mauvais élève dans ces cas-là ? Il fayotte avec le professeur ! Stéphane, je voudrais vous dire que vous êtes beau, vous êtes le phénix des hôtes de cette radio !... Non, sérieusement... Parlons un peu de vous, de votre actualité télévisée à venir. Ce matin, pendant que vous vous étiez absenté pour quelque miction, j'ai regardé, je l'avoue, votre agenda posé sur votre bureau et j'ai constaté que vos projets télévisés sont aussi minces que l'intégrité de monsieur Balkany. Pour les jours prochains, votre agenda stipule simplement : « penser à acheter des filtres à café » ! Je ne voudrais pas enfoncer le couteau dans la plaie mais, pendant ce temps-là, votre amie Carole Rousseau animera ce soir *Plein les yeux*, l'émission où la caméra est sous la table pour filmer ses jambes croisées... Remarquez, c'est normal, vu que c'est avec ça qu'elle pense ! Vos projets télé sont pour le moins limités, puisque votre prochaine prestation aura lieu le 22 février sur Fun TV. Non seulement c'est dans quinze jours, mais c'est une chaîne que personne ne capte ! Et pourtant, je voudrais que les auditeurs fassent tout leur possible pour regarder ce jour-là. Parce que, mesdames, messieurs, Stéphane Bern va assister à un défilé de lingerie masculine. Il faut dire que, de la même façon que Catherine Deneuve était l'égérie d'Yves Saint Laurent,

Stéphane Bern est l'égérie des slips Éminence ! Il est présent à chaque collection, regardant défiler devant lui des hommes de couleur aux muscles luisants d'embrocation et particulièrement gâtés par dame nature – puisque les sous-vêtements qu'ils présentent font des bosses du meilleur aloi !

Sur votre agenda, Stéphane, j'ai vu également que pour la fin de semaine vous aviez noté : « Week-end à Gstaad avec Victor Emmanuel d'Italie qui fête la circoncision de son fils. » Et vous m'avez confié que, tout roi d'Italie qu'il est, il ne finance pas les chambres d'hôtel, et que compte tenu du fait que vous vivez actuellement sur le Codevi de la princesse de Chimay, vous aviez renoncé aux fastes de Gstaad pour finalement décider d'aller plus modestement faire du ski à La Clusaz – et loger en pension complète à l'Edelweiss, hôtel, tabac, Tacotac, sandwichs à toute heure. Alors je voudrais m'adresser à l'office du tourisme de La Clusaz. Si vous pouviez envoyer une voiture munie d'un haut-parleur à travers les rues de la station en annonçant la venue de Stéphane, du genre : « Amis de La Clusaz, demain samedi et après-demain dimanche, une grande attraction, "Stéphane Bern fait du ski" ! Petits et grand, si vous voulez vous divertir, rendez-vous le long des pistes, vous ne le regretterez pas ! » Oui, parce que voir Stéphane skier est un ravissement. Vous vous souvenez des images de Giscard au ski ? Eh bien, là, c'est pareil. Il est tout raide avec le cul en arrière et il descend en chasse-neige ! Pour le reconnaître, c'est facile, il sera vêtu d'une combinaison de marque Dormeuil, modèle JO de Chamonix 1924 !

Nous allons maintenant parler de l'émission de TF1 *Confessions intimes.* En prononçant ces deux mots, je ne peux m'empêcher de penser à une confession intime que nous a fait Stéphane Bern ce matin même, au bureau. Hier soir, Stéphane était invité à la première du film *Huit femmes.* Il faut savoir que les cartons d'invitation avaient été imprimés il y a longtemps, à l'époque où il faisait encore partie du personnel de TF1. Donc, voilà notre Stéphane qui arrive dans son Dormeuil de cérémonie modèle Alain Poher – avec la petite pince à la place de la ceinture. Il avance majestueusement sur le tapis rouge, entre deux haies de gardes républicains en gants blancs qui le saluent au garde-à-vous, et va s'enquérir auprès d'eux de la qualité de leur uniforme, en demandant si ça se lavait à 30 degrés... Dès qu'il entend les flashes des photographes, Stéphane fait sa tête de Charles Trenet et finit par arriver enfin à l'entrée du cinéma. Là, un type en smoking filtrait les invités en pointant leur nom sur sa liste. En voyant Stéphane, il s'aperçoit que sur la liste, en face de son nom, était inscrit : « Individu licencié de TF1, à refouler sans ménagement. » Pour ne pas vexer Stéphane, il lui dit : « Désolé, mais c'est complet. » Stéphane : « Ah ! mais non ! J'ai mon carton ! Tiens, regardez ! » Le videur : « Non, non, c'est complet... Entrez, monsieur Baudis, allez-y, monsieur Cavada... Faut pas rester là, monsieur, je vous ai dit que c'était complet ! » Stéphane : « Ben... Et eux, pourquoi y passent ? » Le videur : « Bon, ça suffit maintenant, je vous demande de circuler ou j'appelle la sécurité ! » Comme Stéphane continuait à faire du scandale, il a appelé des appariteurs qui, après lui avoir asséné quelques directs au foie, l'ont balancé comme un sac de linge sale derrière les barrières métalliques !... En revenant à lui, Stéphane voit arriver Catherine Deneuve. Au milieu des cris des sauvageons de banlieue en train de faire des doigts d'honneur à l'actrice, on entend la voix fluette de Stéphane qui crie : « Catherine !... Catherine !... Je suis là !... » Elle regarde Stéphane – on voyait bien qu'elle pensait : « Tiens, c'est étrange, j'ai l'impression d'avoir déjà vu ce type quelque part... Je me demande si c'est pas un ancien présentateur de télévision... Non, ça n'est pas possible, pas avec une coupe de cheveux pareille ! » Et elle poursuit son chemin !

Donc, ce matin, Stéphane Bern s'est vengé en nous disant : « J'ai vu Catherine Deneuve hier soir, qu'est-ce qu'elle est boudinée ! » Catherine Deneuve, la femme qui a fait rêver la France entière ! De plus, Stéphane nous a livré ses hypothèses pathologiques sur la raison de ce boudinage. À savoir que Catherine Deneuve « fait de l'aérophagie chronique » – oui, parce qu'il l'a vue roter comme un camionneur polonais – ou bien qu'elle « souffre de constipation passagère » – il lui a d'ailleurs fait porter par coursier une boîte d'Imossel duo !

MARS 2002 (1)

Une fois n'est pas coutume, je voudrais, Stéphane, vous féliciter pour l'excellent score d'audience de votre mariage batave : 6 millions de téléspectateurs ! Soit 45 % de parts de marché ! Un score d'audience d'autant plus méritoire que, comme vous le disiez hors antenne, c'est sûrement pas grâce à l'autre andouille, là, comment s'appelle-t-il, celui qui a un long cou de poulet ?... Jean Claude Narcy ! Oui, vous nous disiez qu'il a été mauvais comme un cochon ! Et c'est pas non plus Dave et le pasteur qu'ils sont allés chercher dans les Village People qui ont remonté le niveau ! Votre performance, Stéphane, est encore renforcée par le fait que face à vous les autres chaînes avaient sorti la grosse artillerie. Écoutez plutôt : sur France 2, au même moment, ils avaient programmé une émission de bricolage dont le thème était *Comment poser des charnières encastrées* ! Sur la 3, *Bon appétit, bien sûr* proposait la recette du sauté de bœuf aux piments doux ! Et sur la 5e, le magazine de la santé intitulé *Fibrome mon ami*. C'est vous dire si la concurrence était rude !

MARS 2002 (2)

Stéphane Bern s'est encore mis en slip à la télévision française. Mon pauvre ami, depuis qu'à TF1 ils vous ont vous mis dehors, vous sombrez dans le stupre et la décadence ! La semaine dernière, vous étiez ivre à Saumur et, dorénavant, à chacune de vos apparitions télévisées, vous ôtez votre pantalon pour laisser voir à la France éberluée une petite culotte d'un rose layette fort seyant ! C'est ce qui s'est passé vendredi soir à Fun TV. Et voir quelqu'un qui a fréquenté les Habsbourg ôter son pantalon sur une chaîne du câble a quelque chose de pathétique... Ça devient d'ailleurs un fond de commerce : sur ses anciennes cartes de visite de TF1, Stéphane Bern a rayé « TF1 » et a écrit à la place : « Enlève son pantalon en toutes occasions, mariages, baptêmes, circoncisions. »

À propos de décadence télévisée, je vais remuer le couteau dans la plaie. Vous savez qu'Alexandra Bronkers est de retour. Eh oui, elle était l'autre jour chez Laurent Ruquier. Rappelons que, depuis deux ans, l'activité d'Alexandra Bronkers consiste à aller dans des soirées sponsorisées en échange d'un cadeau du mécène. À la fin de la soirée, on lui remet généralement, outre son cadeau, un *doggy-bag* comprenant quelques canapés humides pour le lendemain midi. Le lendemain, justement, elle appelle un copain et lui dit : « Salut, j'ai le nouveau Motorola. Ça t'intéresse ? » L'autre lui en donne 45 euros ! Ensuite, elle déclare dans la presse : « Je ne vais pas dans ces soirées pour les cadeaux, mais parce qu'on y rencontre des décideurs. » Tu parles ! Effectivement, depuis qu'on ne la voit plus à la télé, Alexandra rencontre beaucoup de décideurs qui décident de la sauter ! Mais, jusqu'à présent, il n'y en avait pas un seul qui ait décidé de la rappeler… Miracle ! Ces jours derniers, on lui a demandé de promouvoir un magazine féminin, un truc donnant des conseils de beauté à la con qui va déposer le bilan au numéro 3. Donc, elle est venue chez Ruquier présenter son magazine dont tout le monde s'est moqué, elle a rigolé en gardant les dents serrées comme elle sait le faire, et elle est partie à une soirée où l'on offrait aux invités le nouveau parfum de chez Dior !…

AVRIL 2002

Hier matin, j'ai regardé avec beaucoup d'intérêt la prestation de Stéphane Bern dans l'émission de Sophie Davant « Télé Mémère ». Émission dont le thème, exceptionnellement, n'était pas le fibrome ou l'ostéoporose, mais les histoires d'amour royales. Voilà pourquoi ils avaient invité Stéphane. Bon, lui était content, car il n'a plus beaucoup d'occasions de se montrer à la télévision. Évidemment, il n'a pas été payé, mais ils lui ont donné quelques Ticket-Restaurant...

Stéphane s'installe en face de Sophie Davant, et on le voit qui se met à faire la gueule en s'apercevant qu'il y avait une autre invitée à la table, une chroniqueuse qui se nommait madame Danielle. Comment vous la décrire ?... Vous vous souvenez d'Isabelle Adjani dans *L'Été meurtrier* ? Bon, eh bien oubliez, c'est pas ça du tout... Vous vous souvenez d'Alice Sapritch dans *La Folie des grandeurs* ? Voilà, c'est exactement ça ! Une sorte de duègne. Mais avec les cheveux plus gras. Dès le début, on a senti que ça se passerait mal entre Stéphane et la duègne. Nos auditeurs qui commencent à connaître Stéphane savent que, dans ces moments-là, il devient de mauvaise foi et s'acharne à dire tout le contraire de son interlocuteur... La première histoire d'amour dont voulait parler la duègne était celle d'Édouard VIII, celui qui a abdiqué pour pouvoir vivre sa passion. La duègne commence et explique, je cite : « C'est une très belle histoire, très romantique. » Stéphane l'interrompt : « Excusez-moi de vous interrompre, mais romantique, c'est vite dit ! Voilà quand même une femme qui était une intrigante ! » La duègne : » Euh oui... mais ils s'aimaient ! » Stéphane : « Oui, si on veut... Mais il faut savoir que cette fille a quand même été initiée aux choses de l'amour dans les bordels de Hong Kong ! » La duègne était décomposée. Alors Stéphane lui assène le coup de grâce : « Et puis elle est devenue la maîtresse du bras droit de Mussolini, et elle avait des sympathies hitlériennes, il faut le savoir ! » Sous-entendu : « Il faut le savoir avant de dire des conneries, pauvre conne ! » Sophie Davant, déçue : « Ah ! oui, donc c'est une histoire moins romantique qu'on l'aurait pensé... » La duègne : « Oui, mais pour elle il a quand même abandonné son trône ! » Stéphane, en colère : « Mais quand vous êtes l'héritier d'un empire, vous assumez, vous partez pas avec une... avec une... fille... Vous dites que c'est romantique, mais non ! Ma pauvre fille, c'est terriblement vulgaire ! » La duègne : « Oui, mais il l'aimait ! « Stéphane, en s'énervant : « Non, partir avec une femme, c'cst terriblement vulgaire ! » Sophie Davant : « Bon, alors passons à une autre histoire d'amour. « La duègne : « Une autre histoire d'amour très romantique, c'est celle de la princesse Margaret et de son écuyer Peter Townsend. » Voulant apporter une touche personnelle, la duègne se hasarde à une réflexion : « C'est drôle, les princesses vivent souvent des romances avec leurs écuyers... C'est sans doute le prestige de l'uniforme !... » Stéphane, excédé : « Mais non, pas du tout ! C'est absolument pas le prestige de l'uniforme ! C'est juste que les écuyers sont les hommes les plus proches des princesses, car elles ne vont pas aller chercher un prince charmant dans les boîtes de nuit ! » Sous-entendu : « Mais qu'est-ce que tu peux être bête, ma pauv' fille ! » La duègne : « Oui, mais Margaret a choisi de rester à la cour ! » Alors Stéphane décide de l'achever : « De toute façon vous ne pouvez pas comprendre, il faut avoir été élevé dans le sérail pour supporter la pression médiatique !

Bon, évidemment, vous personne ne vous connaît, mais si vous étiez connue… Tiens, si vous épousiez un prince, par exemple, vous verriez ce que c'est ! » L'autre, quasiment détruite, a tenté sans espoir de dire d'une voix blanche : « Et Charles et Camilla, c'est quand même romantique ? » Et Stéphane a répondu : « Oui, ce qui est romantique, c'est que Camilla est présidente de la société anglaise d'ostéoporose ! » Là, on n'a plus vu la duègne. Elle avait quitté le plateau. À mon avis, elle était partie faire une crise nerveuse en coulisse !

JUIN 2002

Je dois vous révéler que parfois je n'ai pas du tout envie d'être méchant avec certaines personnalités. Mais c'est Stéphane Bern qui m'y pousse. Tous les auditeurs se souviennent de cette phrase odieuse : « Catherine Deneuve est boudinée », qu'il me força à prononcer à de nombreuses reprises, je ne sais pour quelle raison personnelle. Stéphane Bern a développé une animosité à l'égard de la star… Il m'a même demandé – mais j'ai refusé – de raconter qu'un soir, à un dîner, il a entendu Catherine émettre un… Il a même précisé que, pour donner le change, la star toussait au fur et à mesure qu'elle égrenait son chapelet, et que c'était pour ça qu'elle était ballonnée – parce qu'elle a des gaz.

Un autre, dont Stéphane me demande régulièrement de dire du mal, c'est Fabrice Ferment, ce nouvel animateur qui coprésente avec Flavie Flament l'émission sur les tubes du passé. Vous voyez qui c'est ?…

Mais si !... Un type un peu brutal au physique de catcheur, une force de la nature... Certes, un peu fruste, c'est vrai, on dirait un peu un camionneur turc... Dans son émission, l'autre fois, Sheila est venue chanter *Love me babe, with devotion.* Évidemment, elle chantait en play-back. Mais le problème c'est que mamie a voulu chorégraphier comme à l'époque de Sheila B. Devotion. Elle était là, entourée de trois danseurs, et on entend « Love me baby, with devotion »... On avait envie de répondre : « Non merci, madame ! » Et bien qu'elle ne chante pas et qu'elle ne fasse qu'un mouvement sur trois, on voyait les soudures au collagène sur sa peau qui pétaient les unes après les autres ! Autant vous dire qu'à la fin de la chanson elle était carbonisée, décomposée, le visage cramoisi, carrément violet – elle n'avait pas retrouvé son souffle.

L'interview avec l'ami de Stéphane fut pathétique : « Alors, Sheila, vous allez bien ? » Sheila : « Haaarg... haarg... Attendez, je reprends mon haarg... souffle... » Fabrice : « Alors, Sheila, ça fait maintenant trois générations de Français qui vous aiment ! » Sheila : « Haarg... Haarg... Pourtant je vois pas le temps passer, je me sens toujours aussi harrg... jeune... » Nous, si. On voyait bien le temps qui avait passé !

SEPTEMBRE 2002 (1)

J'ai regardé hier la prestation de Stéphane Bern dans l'émission de France 3, *Le Fabuleux Destin de...* présentée par Isabelle Giordano. Dans cette émission ressemblant beaucoup à *Avis de recherche* de Patrick

Sabatier, on fait venir sur le plateau les anciens camarades de classe de l'invité, et il y a des invités surprises. En l'occurrence, l'invitée surprise de Stéphane Bern était la princesse Diane de Wurtemberg. Franchement, la princesse Diane, c'était pas vraiment une surprise. La surprise, ça aurait été de voir arriver sur le plateau Madeleine de la Courneuve, dite Mado Jambe-de-laine, la serveuse du bar Le 421 avenue Paul-Vaillant-Couturier ! Elle existe vraiment, Mado Jambe-de-laine – on l'appelle comme ça parce qu'enfant elle a eu la polio et qu'elle en a gardé des séquelles dans les membres inférieurs...

Pourtant on n'a pas regretté la présence de la princesse Diane. Cette dernière nous a offert son interprétation de la chanson *Paroles, paroles* de Dalida. Une interprétation comment dire... surprenante... personnelle... surréaliste même... La princesse, figée dans un garde-à-vous impeccable, a récité le texte à toute allure, comme on récite un poème à l'école primaire. Du coup, elle a terminé avec quarante secondes d'avance sur la musique !...

Et puis entendre la princesse Diane dire à Stéphane Bern : « Caramels, bonbons et chocolats, merci, pas pour moi... Mais tu peux bien les offrir à une autre... » ! À cet instant, il y a eu un gros plan sur Stéphane, et on a compris qu'il n'avait absolument pas envie de les lui offrir, ses bonbons !

Mais, dans l'émission d'hier, il y a eu un moment très émouvant, lorsque Stéphane a retrouvé son copain de classe Christophe. Isabelle Giordano : « Alors, Stéphane, il paraît qu'en classe vous vous asseyiez toujours à côté de Christophe ? » Stéphane, tout guilleret : « Oui, je me mettais à côté de lui pour essayer de pomper... » Christophe rougit. On sentait qu'il se disait : « Ah ! bon ? On peut parler de ces trucs-là à la télévision ? Mais c'est personnel, quand même !... » Et Stéphane a conclu avec cette phrase magnifique : « Écoutez, c'est bien simple : moi, pendant toute ma scolarité, je n'ai pas arrêté de pomper ! »

Un peu plus tard dans l'émission, autre surprise : Yves Lecoq est venu expliquer qu'il avait un point commun avec Stéphane Bern, à savoir la passion des ruines. Mais il a aussitôt ajouté : « La différence, c'est que ce ne sont pas les mêmes ruines. » Oui, on avait compris, avec la princesse de Chimay ! C'est étrange, d'ailleurs... D'un point de vue psychanalytique, ça doit s'expliquer cette passion pour les vieilles aristocrates qui portent des couches...

SEPTEMBRE 2002 (2)

Je voudrais aujourd'hui rendre hommage au berceau de notre civilisation, à la mère de notre culture, à celle dans laquelle nous baignons tous, je veux parler de la Grèce. Et je voudrais saluer la télévision française, plus particulièrement France 3, une chaîne qui, hier soir, a parfaitement rempli sa mission de service public en n'hésitant pas à diffuser, à une heure de grande écoute, un documentaire sur les îles grecques avec des images magnifiques de « ce merveilleux pays gorgé de soleil », comme dit Yves Simon.

Pourtant – pourquoi le cacher ? –, nous fûmes un peu déçus. Aucune évocation de la démocratie sous

Périclès, pas la moindre référence philosophique à Platon ou à Socrate. Socrate, vous savez, l'auteur de la phrase : « Connais-toi toi-même. » Un jour, au lycée, j'ai eu 1 en philo sur ce sujet, à cause du contresens classique. Alors toi, le jeune qui nous écoutes, si ta dissert' porte sur ce sujet, évite le piège grossier dans lequel je suis tombé. Du style : « Socrate voulait dire : "Connais-toi toi-même avant de juger les autres" », alors qu'évidemment il s'agit d'apprendre à se connaître seul, ce que Stéphane Bern a mis en pratique lors de son adolescence. Toi, le jeune qui nous écoutes, si tu tombes sur ce sujet, donne un exemple – il faut toujours donner des exemples. Donne l'exemple de Stéphane Bern prépubère, lorsqu'il demandait aux filles de jouer au docteur et qu'elles lui répondait : « Connais-toi toi-même ! » Alors il s'enfermait longuement dans les toilettes et, quand son père frappait à la porte en lui demandant ce qu'il faisait, il répondait : « Je révise Socrate, j'apprends à me connaître moi-même !... »

Donc, hier soir sur France 3, point de splendeur athénienne, point de philosophie, pas même la moindre évocation mythologique dans laquelle on nous aurait montré Poséidon sortant de la mer Égée... Non, on vit effectivement une photo de la mer Égée, mais ce n'était pas Poséidon qui sortait de l'onde, c'était Stéphane Bern qui se tenait debout dans l'onde, de l'eau jusqu'à la taille et levant les bras comme le font les assistantes des jongleurs dans les cirques !

Eh oui, car la saga de Stéphane Bern continue dans l'émission d'Isabelle Giordano ! Et hier, c'était l'épisode

« Stéphane en stage de naturisme dans les îles grecques ». En gros plan, à l'arrière du studio, on pouvait voir cette photo de Stéphane totalement nu… Vous allez me dire : « Mais comment savez-vous qu'il était totalement nu puisqu'il avait de l'eau jusqu'à la taille ? » Eh bien, parce qu'il levait les bras ! Or, ce mouvement qui haussait son bassin laissait apparaître le sommet d'une toison pubienne prometteuse… On aurait cru une photo tirée d'un film de Marc Dorcel, vous savez dans les films X, lorsque des naïades courent nues dans l'eau en levant les bras… Isabelle Giordano, impressionnée par la photo, dit à Stéphane : « Sur cette photo, on voit que vous êtes heureux ! » Stéphane : « On ne m'imagine pas comme ça, mais là-bas je ne porte pas de cravate, pas de costume, pas de chemise… » Isabelle Giordano : « Pas de slip ?… » Stéphane, en rougissant : « Non, pas de slip ! » Bon, nous on savait. Mais là, la France entière !… D'autant qu'Isabelle Giordano a carrément donné l'adresse : « Est-ce que je peux dire que votre refuge secret est dans l'île de Páros ? » Stéphane : « Ben, si vous voulez, mais maintenant ça ne sera plus mon refuge secret ! » Manque de pot, on en a parlé, on n'a plus parlé que de ça. Isabelle a fait entrer la surprise, la petite Clotilde, filleule de Stéphane, qui venait lui remettre le diplôme de citoyen d'honneur de l'île de Páros. Giordano semblait impressionnée : « Oh ! un diplôme de citoyen d'honneur ! Bravo Stéphane ! » En fait, il s'agit d'un truc pour gogos qu'on vend dans toutes les boutiques à touristes avec les amphores *made in Taiwan* et les têtes d'auriges de Delphes en plastique ! C'est une sorte de plaquette de bois avec trois lignes écrites en grec ! En fait, ils ont écrit : « Merde à celui qui le lira ! », et en dessous : « Tous droits de reproduction interdits, y compris pour les anciennes républiques soviétiques. » Stéphane était ému de voir sa filleule, mais la douce enfant n'était pas venue seule. Elle était venue avec son chien, vous savez, le fameux chien que Stéphane a ramené dans l'avion comme PPDA avait fait avec l'enfant irakien ! En entrant sur le plateau, le chien a soudain reconnu Stéphane, et afin de lui montrer à quel point il était heureux de retrouver son compagnon de voyage, il a entrepris de faire subir les derniers outrages à sa jambe gauche ! Stéphane devait tout à la fois parler à la petite Clotilde pour la rassurer, écouter Isabelle Giordano, regarder de façon admirative le diplôme et enfin éloigner la sale bête avant qu'elle ne pollue la jambe du Dormeuil !

Il fut sauvé par une autre surprise, l'entrée de quatre evzones en jupettes et chaussures à pompon qui dansèrent le sirtaki. Du coup, pensant que la caméra n'était pas sur lui, il balança un terrible coup de pied à la pauvre bête, qui vola à l'autre bout du studio en hurlant : « Kaï ! Kaï ! Kaï ! », un peu comme le chien de Sophie Coste !

Et puis deux nouveaux enfants entrèrent sur le plateau, les frère et sœur de Clotilde. Stéphane dit à quel point il les aimait et il pleura... Ce fut un moment très émouvant. Isabelle Giordano et Stéphane debout, tenant les enfants par la main, tandis que le générique de fin commençait à se dérouler... Mais soudain, alors que nous étions gagnés par l'émotion, on entendit Isabelle Giordano pousser un cri puis s'exclamer : « Le chien me monte sur la jambe ! » Eh oui, Kiki était de retour ! Échaudé par Stéphane, il avait désormais jeté son dévolu sur la jambe d'Isabelle Giordano ! Mais cette dernière, en grande professionnelle – *the show must go on* –, nous souhaita une bonne soirée, tandis qu'elle donnait à sa jambe de violentes secousses pour décoller la pauvre bête !

CANAL+

OCTOBRE 2002

Ça ne s'arrange pas à Canal. Ce matin, on apprend dans la presse que Dominique Farrugia a décidé d'arrêter l'*Hypershow* de Frédéric Beigbeder pour le remplacer par un programme de télé-réalité. Au moins maintenant, on en est sûr, Canal+ est bien mort.

Le programme envisagé est l'adaptation d'une émission anglo-saxonne où l'on voit un chanteur connu filmé en permanence dans sa vie quotidienne. Ils ont fait ça avec Ozzy Osbourne, l'ancien chanteur du groupe Black Sabbath. Canal+ prévoit donc de filmer un chanteur français 24 heures sur 24 et, je vous jure que c'est vrai, ils hésitent entre Joey Starr et Francis Lalanne ! Et je comprends qu'ils hésitent parce que, s'il y a deux types dont la vie nous intéresse, c'est bien Joey Starr et Francis Lalanne ! Vous imaginez ? 11 h 45 : Joey Starr se réveille, se lève, et comme chaque matin pour se mettre en forme il tabasse un singe ! Même heure : Francis Lalanne se lève, il a du mal a enfiler son slip à cause des cuissardes – oui, parce que Lalanne dort nu, mais garde ses cuissardes.

Il paraît que lorsqu'il dort on ne voit que deux choses : ses cuissardes et sa queue de cheval – elle ressort bien quand il est nu !

ÇA ME RÉVOLTE

MARS 2002

Un mot sur l'émission de M6 intitulée *Ça me révolte.* C'est une hypocrisie façon Julien Courbet, c'est-à-dire que, sous couvert de dénoncer des pratiques douteuses, on nous montre du cul, du sensationnel et du bien racoleur.

Le premier sujet concernait les prothèses de fesses. On nous expliquait qu'au Brésil un médecin marron, le docteur Raoul, posait des prothèses de fesses. Bon déjà, Raoul, comme nom de chirurgien esthétique, on n'y croit pas. Mais en plus, des fausses fesses avec des poches de sérum physiologique, on imagine que ça doit poser des problèmes lorsqu'on s'assoit !...

On a vu une dame allongée sur le ventre. La caméra s'est attardée sur son postérieur et une voix *off* façon scientifique disait : « Regardez cette patiente, elle se prénomme Luciana. Vous voyez à gauche une fesse normale, et à droite une fesse refaite. » C'est tout juste s'il ne disait pas : « Et au milieu, vous apercevez très nettement le trou du cul ! »

Le docteur Raoul a expliqué que ce type d'implant est parfaitement au point. Le seul problème, c'est qu'il ne faut pas de pression sur la fesse, sinon ça fait exploser la prothèse. Le sérum s'infiltre dans le corps et provoque une infection catastrophique...

Le reportage montrait à quel point le journaliste de l'émission était pugnace et professionnel : on l'entendait dire en voix *off :* « Nous avons vérifié le résultat des prothèses de fesses au bout d'un an. Regardez ces fesses : vous voyez, ce sont les fesses de Lydia qui ont été refaites il y a un an... Regardez ces fesses... – au milieu, toujours le trou du cul – eh bien, il n'y a que la peau, la poche a explosé ! »

Hier, on a vu 50 paires de fesses et 317 mamelons. Oui, 317 mamelons ! Vous allez me dire, c'est un nombre impair, mais justement ! Pour justifier le titre *Ça me révolte*, ils ont montré les bavures médicales avec la voix *off* qui disait : « Regardez Muriel, elle a subi plusieurs opérations, le chirurgien avait dû être distrait, il lui avait refait deux seins magnifiques. Mais il a oublié de lui refaire les mamelons ! » Effectivement, on aurait cru les boules de pêcheurs qu'on met au mur dans les séries de TF1 se passant au bord de la mer...

On a vu aussi une photo sur laquelle le chirurgien avait refait les seins, mais n'avait remis qu'un seul mamelon : on aurait cru un Picasso ! Interrogé, le chirurgien a déclaré qu'il s'agissait d'un malentendu. La pose et la dépose du mamelon sont en supplément, or la cliente n'avait pas spécifié qu'elle désirait un mamelon !

Ensuite, on a vu une dame expliquer : « Moi, mon mari n'a jamais vu et ne verra jamais mes seins. Quand on a des rapports, on le fait dans le noir. J'en ai trop honte, tiens, regardez comme ils sont laids… » Et là, elle soulève son pull ! Son mari n'a peut-être jamais vu ses seins, mais hier soir la France entière les a vus !

À cet instant, je repensais à une phrase du film *The Truman Show* que la télé avait diffusé la veille : « Il n'y a pas plus de vérité à l'extérieur que dans le monde que j'ai créé pour toi, et dans mon monde tu n'as rien à craindre, je m'occupe de tout. » C'est ça qui est bien avec la télé : il n'y a aucune vérité, mais au moins ils s'occupent de tout.

ÇA VA SE SAVOIR

AVRIL 2002

Je voudrais vous parler de l'arrivée de l'adaptation du *Jerry Springer Show* sur RTL 9. C'est un *talk show* américain, le pire que vous puissiez imaginer, basé sur des histoires de cul que de pauvres gens, prêts à tout pour avoir leur quart d'heure de gloire télévisée, viennent livrer en pâture à des Américains qui les regardent en bâfrant des bretzels et des chips à l'oignon. C'est beau, l'Amérique… Et c'est vrai qu'à la vue du *Jerry Springer Show* on a envie de se lancer dans une croisade pour sauver la civilisation américaine !

AB Productions, des producteurs enfoirés comme Endemol – sauf que AB est un groupe français –, nous propose donc sur RTL 9 la version française du *Jerry Springer Show*. Dans un studio misérable, devant un public misérable, un animateur misérable anime le show. Il s'appelle Simon Monceau. C'est un vieil animateur de télévision que vous ne connaissez pas, car il a exercé l'essentiel de sa carrière en tête de gondole à Auchan. Il porte un costume fatigué et des cheveux teints « aux burnes » par Franck Provost. Il a la tête de ce qu'il est. On devine ses compromissions, ses turpitudes… Je suis sûr que ce type-là pète dans sa voiture quand il est seul au volant… Simon Monceau est gluant, fuyant, il porte le nom d'un parc, mais il évoque plutôt un tas de feuilles mortes en décomposition, un monceau de merde… Par ailleurs, dans sa jeunesse, il a souffert d'un bec de lièvre, opéré depuis, mais il en a gardé la voix nasillarde…

Dans *Ça va se savoir*, on parle de problèmes de couples. À la fin, les participants se font insulter par le public, font semblant de vouloir se sauter dessus, et la sécurité les retient. Évidemment, il s'agit de comédiens, mais la chaîne laisse planer le doute sur le moment où, peu à peu, on intégrera de vrais gens…

De même que chez Évelyne Thomas il y a des comédiens, de même que chez les Lofteurs c'est scénarisé et on manipule de pauvres marionnettes, la saloperie de cette *trash TV*, c'est qu'elle est manipulée pour qu'on n'ait aucune chance d'échapper au pire…

Ce sont donc des comédiens, mais des mauvais. Évidemment, vous imaginez que les bons vont pas aller courir le cachet dans une émission de merde ! C'est le genre de comédiens qu'on voyait dans les procès reconstitués du tribunal d'instance en carton, sur TF1, le matin…

Hier, la pseudo-situation cornélienne de l'émission était la suivante : une fille dont les parents pensaient qu'elle suivait ses études était en réalité strip-teaseuse. Simon Monceau accueille donc les parents : « Votre fille veut vous dire quelque chose. » La fille : « Alors voilà, ça fait deux ans que je ne vais plus à l'école et que je gagne ma vie. » La mère : « Oh ! mon Dieu, mais ce n'est pas croyable, ma fille pour qui nous nous sommes tant sacrifiés se livre désormais au strip-tease ! » Le père : « Certes, tu es jolie, mais de là à t'exhiber en public, il y a un pas que l'on ne saurait franchir ! » La fille : « Et dire que nous pensions que tu étais toujours à l'école de commerce ! » Oui, là elle s'était trompée de ligne sur le prompteur, elle venait de lire la ligne de sa mère…

J'exagère à peine… Tous ces producteurs de merde disent qu'ils veulent faire parler les vrais gens, mais ils ont peur que les vrais gens soient meilleurs qu'eux, alors ils bidonnent ! Toutes les émissions de *trash TV* sont bidonnées, mais croyez-moi, ça va se savoir !

C'EST MON CHOIX

FÉVRIER 2002

Pour fêter la Saint-Valentin, Évelyne Thomas avait décidé de faire une émission spéciale « chansons et messages d'amour ». Des apprentis chanteurs venaient interpréter des chansons d'amour et on collait en surimpression sur l'image les messages des téléspectateurs. Imaginez, mesdemoiselles, qu'un garçon amoureux de vous décide de vous envoyer un message qui passera dans *C'est mon choix*. Au moins, vous êtes sûres qu'il s'agit d'un gros blaireau, et vous pouvez rompre immédiatement ! En plus, ça a quelque chose d'humiliant...

Dans un cœur à gauche de l'écran étaient inscrits les prénoms des amoureux. Et dans un deuxième cœur, à droite, le message. Je vous passe les fautes d'orthographe... Ça allait du classique : « De Jocelyne à Michel, tu m'as acceptée avec mes quatre enfants et de ça, je t'en remercie », à Laurent qui disait à Lydie : « J'étais en fauteuil roulant lorsqu'on s'est rencontrés, tu m'as fait remarcher »... Et puis le terrible : « De Catherine à Thierry : depuis le temps que nous sommes mariés, je ne t'ai jamais dit je t'aime, alors je profite de *C'est mon choix* pour le faire ». Vous imaginez ça, la première fois que la fille dit je t'aime à son mari c'est parce que la télé la filme ! ?... Il y eut aussi : « Même si on n'est plus ensemble, ton corps est un phénomène, tu t'es infiltré en moi. » Ça c'est sûr que pour s'infiltrer comme ça, le corps du monsieur devait être un phénomène ! Il y eut également : « De Nadine à Stéphane : Je t'aime autant que Jean-Jacques Goldman, c'est peu dire ! » Oui, t'as raison ma poule, c'est peu dire...

Et que penser du message d'Isabelle à Philippe, de Saint-Étienne : « Je t'ai déjà dit entre deux yeux que je t'aimais – donc là, c'est la déclaration du mollah Omar à Le Pen –, mais là, je le dis à la France entière, grâce à Évelyne Thomas. »

Mais le plus beau fut sans conteste le suivant : « Mon petit brochet, ma petite tranche, tu resteras toujours mon poisson. » D'abord on dit tanche, pas tranche, et puis en l'occurrence c'est même pas tanche, c'est morue !...

Tout ça au milieu des chansons interprétées par les chanteurs amateurs de *C'est mon choix*, qui braillaient « Aimer, c'est ce qu'il y a de plus beau ! »... À la fin de la chanson, Évelyne Thomas leur a demandé : « Alors, est-ce que ce passage à *C'est mon choix* a changé votre vie ? » En les entendant chanter, on comprenait que c'était pas près de changer... À la question d'Évelyne, ils répondaient d'un air énigmatique : « Oui, j'ai reçu un coup de fil... mais je ne préfère pas en parler. » Vous l'avez compris, de la même façon que Cocteau disait : « Tous les enfants ont du talent, sauf Minou Drouet », à la Saint-Valentin toutes les histoires d'amours sont magnifiques... sauf chez Évelyne Thomas !

SEPTEMBRE 2002

C'est mon choix spécial dimanche s'intitulait : « J'ai une particularité physique qui fait mon charme. » C'est un euphémisme. En fait, il fallait comprendre : « J'ai un défaut physique qui va vous faire rigoler. »

Évelyne Thomas annonce avec un cynisme terrifiant, déguisé en bonhomie :

« Elle a un strabisme de naissance et vous allez voir qu'elle en a fait un atout charme, voici Béatrice ! »

En fait d'atout charme, la pauvre fille louchait comme Clarence, le lion de *Daktari* ! On imaginait les sarcasmes dont elle avait été victime... Mais Évelyne Thomas, hypocrite comme c'est pas permis, lui dit :

— De cette légère coquetterie, vous avez fait un atout charme.

Clarence :

— Ben… Au début, on s'accepte pas trop…

— Oui, mais là, vous en avez fait un atout, car vous êtes charmante !

— Euh… non, c'est pas vraiment un atout.

— Mais est-ce que ça s'opère ? – C'est-à-dire qu'elle venait de dire à la pauvre fille qu'elle était ravissante, mais quand même, s'il pouvait y avoir un moyen d'opérer, ça serait pas plus mal !

Clarence :

— Oui, ça s'opère, d'ailleurs j'ai déjà été opérée deux fois…

Là, Évelyne Thomas ne sait que dire, alors elle tend le micro à un spectateur qui s'adresse à Clarence :

— Il faut en faire ton atout ! Tiens, regarde Madonna qui avait les dents écartées, elle les a mises en valeur et maintenant tout le monde veut avoir les dents de Madonna !

Mais on lisait bien dans les yeux de Clarence qu'elle avait du mal à imaginer que tout le monde ait envie de se mettre à loucher !

OCTOBRE 2002

Fermez les yeux et imaginez la scène sur votre écran de télé. L'image nous montre en gros plan, comme une nature morte, trois petites culottes posées côte à côte sur une table. Une blanche, une bleue, une rouge, elles sont roulées en boule comme si elles venaient d'être ôtées.

Derrière chaque culotte, une petite pancarte les numérote. La blanche est la numéro 1, la bleue numéro 2 et la rouge numéro 3.

Et soudain, voici qu'apparaît le visage de deux vieilles femmes, prénommées Viviane et Sylviane, c'est écrit en dessous. Elles sont assises et notent quelque chose sur une ardoise à manche comme en tenaient les enfants à *l'école des fans*.

Puis elles brandissent leur ardoise et là on comprend tout. Viviane et Sylviane sont la mère et la belle-mère d'une jeune femme rougissante assise sur un canapé et elles doivent reconnaître la petite culotte qui appartient à la fille.

Viviane, la mère, a choisi la 2, Sylviane, la belle-mère, opte pour la 3.

Et soudain apparaît Évelyne Thomas. Oui, car, vous l'avez deviné, nous sommes sur France 3 dans l'émission *C'est mon choix*, dont le thème aujourd'hui est : « Qui me connaît le mieux, ma mère ou ma belle-mère ? »

Le sous-vêtement qui appartient à la jeune femme est bien le numéro 3, c'est la belle-mère qui a raison et du coup Évelyne Thomas fustige la maman : « Ben alors ? On reconnaît pas les sous-vêtements de sa fille ? » Alors, le public se met à huer la mauvaise mère au bord des larmes, et surtout humiliée par sa rivale triomphante, la belle-mère. On devine qu'elle a failli dire, « oui mais si j'avais eu le droit de sentir, j'laurais reconnue tout de suite », mais chez Évelyne Thomas on ne sent pas.

En tous cas, la mauvaise mère a été huée, et on imagine son retour, dans la France d'en bas, de très bas, du tréfonds, avec la boulangère, déçue, qui la réprimande :

« Ben alors Sylviane, vous n'avez pas reconnue la petite culotte de votre fille ? »... Sinon, à part ça, elle est sympa, Évelyne Thomas ?

L'émission continua avec les slips et les caleçons du mari, là ce fût la belle-mère qui trouva, mais il y eût contestation de la belle-mère qui s'écria : « Mais pas du tout, d'habitude mon gendre porte des tous petits bikinis ! » Rappelons qu'un bikini est constitué d'une petite culotte et d'un minuscule soutien gorge. Et d'imaginer le gaillard d'un mètre quatre-vingt-cinq avec son petit soutien gorge, j'ai eu peur qu'elle ajoute : « Et puis d'habitude quand je viens le voir, il porte aussi des bas résilles. »

Mais Évelyne Thomas rejeta la contestation, accorda le point à la mère et lui demanda comment elle avait trouvé. La mère eut cette réponse merveilleuse : « C'est facile quand il dort à la maison, il me laisse ses slips sales."

OCTOBRE 2002 (II)

Dimanche dernier, l'émission d'Évelyne Thomas, dont on pensait qu'elle ne pouvait pas aller plus loin a franchi un nouveau palier vers la connerie absolue avec la « spéciale » *C'est mon choix dimanche* intitulée : « Mamy je vais te trouver un papy."

Il y avait sur le plateau une veuve prénommée Colette, à qui ses petites filles avaient décidé de trouver un nouveau papy. Ça ressemblait à *Tournez manège*, avec les trois prétendants cachés derrière un paravent, trois papys donc, prénommés Maurice, André et Raoul.

Maurice était sourd.

André était un vieux réac.

Et Raoul était doté d'un dentier magnifique certes, mais dont l'ajustement laissait à désirer au point qu'il le remettait sans cesse en place d'un coup de langue.

Chacun devait séduire Colette qui, elle aussi, souffrait de troubles de l'audition, autant vous dire qu'Évelyne Thomas a eu du mal. Elle a commencé par demander à chacun des prétendants leurs qualités et leurs défauts. Ça a donné :

Évelyne Thomas :

— Alors Maurice quelles sont vos qualités ?

Maurice :

— Mes quoi ?

Évelyne Thomas (hurlant) :

— Vos qualités ?

Maurice :

— Ah ! oui, d'accord, et là il se mit à lire le papier que la production lui avait remis à la répétition : « Alors comme qualité, je suis cou-houle. »

Évelyne Thomas :

— Ah vous êtes cool mais dites-moi, vous parlez comme les jeunes ?

Maurice :

— Je ?

Vous l'avez compris, Maurice parlait peut-être comme les jeunes mais il entendait comme les vieux.

Ensuite, on fit danser chaque papy sur de la techno, et là en les voyant se déhancher sur le dernier Madonna, on avait honte pour eux. Ce tableau surréaliste rappelait ces animaux dressés que l'on fait danser dans les cirques.

En plus, Raoul avait un problème, son pantalon glissait, et même si pour donner le change, il le tenait hypocritement en mettant ses mains dans les poches, il a fini le cul à l'air.

À cet instant, on ne pouvait s'empêcher de penser au premier mari de Colette, le défunt. C'était peut-être un type brillant, cultivé, plein d'humour et de classe, il l'emmenait à l'Opéra, voir des films de Casavettes ou de Woody Allen.

J'espère qu'il n'y a rien après la mort, car si cet homme peut voir de l'au-delà sa veuve dans une émission vulgaire, s'apprêter à le remplacer par un édenté qui danse le pantalon baissé, il a de quoi se sentir mortifié.

C'est mon choix, l'émission qui vous humilie, même après la mort.

OCTOBRE 2002 (III)

Hier, j'ai regardé : *C'est mon choix dimanche* dont le thème était : « Chéri, je ne veux plus dormir avec ton chien. » Une émission dans laquelle des gens venaient expliquer que leur conjoint leur imposait des chiens dans le lit, et pour les mettre en situation, on avait installé sur le plateau des lits sur lesquels trônaient des mémères avec leurs toutous. Ce qui frappait d'entrée, c'est qu'elles possédaient toutes le même physique, petites grosses surmaquillées portant des minijupes en cuir et des chaussures roses à semelles compensées, donc vous l'avez compris, pas vulgaires du tout. Puis on faisait entrer le mari, généralement un petit bonhomme effacé à la Dubout, qui disait timidement : « Ah ben j'en ai assez de dormir avec le chien. »

Bien entendu, la seule chose qui intéressait Évelyne Thomas était de savoir comment ils faisaient pour niquer. Elle disait ça autrement, elle n'emploie pas le mot « niquer » Évelyne Thomas, parce qu'elle a beaucoup de classe. Elle disait : « Mais au niveau des rapports affectifs, comment ça se passe ? » et le type répondait : « Et ben à chaque fois que je veux... le chien grogne, alors on ne fait rien » et le public le huait.

L'une de ces mamies à minijupes prénommée Conception est venue s'installer sur un lit avec ses deux petits chiens, deux touffes de poils, des petits mais des teigneux qui aboyaient nerveusement en montrant les dents à la caméra.

Lorsque Conception s'assit sur le lit, sa minijupe se releva jusqu'aux hanches, libérant son entrejambe où l'un des chiens vint se lover aussitôt par habitude, on sentait qu'il reconnaissait son territoire.

Du coup, par une illusion d'optique, on croyait qu'elle n'avait plus qu'un seul chien, la touffe de poils qui se trouvait sur le lit.

C'est quand le cadreur s'est rapproché pour faire un gros plan qu'on a soudain vu l'autre touffe de poils entre les jambes de la dame se mettre à bouger et à aboyer, et là franchement, c'était terrifiant.

Après on a eu l'inverse, un connard qui faisait dormir son berger allemand à muselière dans le lit conjugal. Évelyne Thomas lui dit : « Mais est-ce que vous vous rendez compte de ce que vous imposez à votre femme. » Le type a eu cette réponse ahurissante : « Moi je l'ai bien prise avec ses trois enfants et je les supporte, donc elle peut bien supporter mes chiens... »

Et quand Évelyne Thomas lui demande de choisir entre son chien et sa femme, il répondit froidement : « Elle peut partir, moi je choisis mes chiens. » À cet instant, un plan terrible nous montra sa femme humiliée au bord des larmes qui bredouillait : « Le problème est plus grave que je pensais. »

À la télévision aussi, le problème est plus grave qu'on ne le pensait.

COMBIEN ÇA COÛTE

JANVIER 2002

Combien ça coûte, je regarde, parce que c'est une émission rigoureuse, absolument pas poujadiste et qui dénonce les gaspillages publics. Hier, une émission plus particulièrement rigoureuse, puisque le thème était « La voyance et l'astrologie ». Jean-Pierre Pernaud avait devant lui une boule de voyante. Mais elle n'a pas servi, vu qu'avant l'antenne la voyante lui avait dit : « Grâce à cette boule je vais lire vos pensées. » Et elle a eu beau scruter le cristal, elle n'a rien vu du tout !... Elle était très gênée, d'autant que Pernaud insistait :

« Alors ? Qu'est-ce vous lisez dans mes pensées ? » Pour ne pas le vexer, elle a dit : « Non, mais cette boule ne marche pas... C'est juste pour la décoration ! » Jean-Pierre Pernaud, déçu : « Ah ! Quel dommage ! J'aurais bien aimé voir ce que j'ai dans la tête !... » Du coup, il a gardé la boule devant lui pendant toute l'émission et, chose incroyable, à aucun moment on n'a vu dans la boule l'ombre d'une pensée !

Les invités étaient Dany Boon et Thierry Roland, qui ont eu droit à une démonstration de chaussures twisteuses. Ce sont des chaussures qu'on pose par terre et dans lesquelles il y a des piles électriques : on pousse un bouton et elles se mettent à faire de la musique et à danser... Et puis aussi le « chapeau-terrain de foot », un terrain de foot en feutre vert de 60 par 40 avec les buts et un petit ballon que vous posez sur votre tête... Dany Boon et Thierry Roland ont été obligés de l'essayer. Dire que mes parents ont consenti à des sacrifices pour financer mes études et que je passe mes soirées devant la télévision à regarder Thierry Roland essayer un chapeau représentant un terrain de football !

CONFESSIONS INTIMES

SEPTEMBRE 2001

La parité est en marche à la télévision, puisque TF1 vient d'inventer le Morandini féminin. Elle s'appelle Géraldine Carré. Évidemment, comme il s'agit d'une émission hypocritement compassionnelle, c'est produit par Julien Courbet.

Carré, Courbet, deux noms qui évoquent des figures géométriques. Mais à TF1 le carré est aussi tordu que le courbé !

Confessions intimes, on dirait le titre d'un film porno de Marc Dorcel des années 1970, et ça y ressemble ! L'émission est constituée selon le cocktail TF1, à savoir un quart drame familial impliquant un enfant, un quart maladie rare et impressionnante, un quart police et insécurité, et pour finir un quart de cul !

Pour justifier le titre, les témoins sont censés filmer leur drame intime avec un Caméscope. Au début, ils avaient ajouté à l'image un viseur de Caméscope avec l'indication du niveau de charge – alors qu'on voit des plans de coupe et qu'on devine qu'il y a une équipe complète avec un preneur de son... Mais ça permet de faire tout au long de l'émission une publicité clandestine pour une marque de Caméscope !

Hier soir, première séquence : une mère dont l'enfant a été enlevé par son père tunisien. L'émission mettait en scène la douleur de cette femme, et quand je dis mettait en scène, c'est que tout le long du reportage, en fond sonore, on entendait une petite musique que font les jouets au-dessus des berceaux. À un moment, on la voit marcher dans la rue avec ce commentaire : « Dans la ville, tout lui rappelle son enfant. » On voit des figurants devant un magasin de jouets, un petit enfant qui la croise, un autre un peu plus loin sur un cheval de manège... Et on voit qu'on l'a filmée en la faisant passer devant ces enfants, du style : « Bon, on la refait, madame, mais quand vous passez devant l'enfant sur son petit cheval de manège, ça serait bien que vous le regardiez tristement... »

Ensuite, la maladie « rare et impressionnante ». Hier, l'amnésie, avec Sandy qui, suite à une tumeur du cerveau, ne se souvient de rien. Elle est obligée de tout noter, sauf qu'on la voit se réveiller un matin, allumer la lumière de sa chambre et n'avoir pas l'air surprise le moins du monde qu'une équipe de télévision soit dans sa chambre à l'attendre !

Ensuite, avec une mine gourmande, Géraldine Carré nous annonce : » Comment réagiriez-vous si votre fille vous annonçait qu'elle veut tourner des films X ? Oui, parce qu'on a toujours l'impression que ça n'arrive qu'aux autres, mais nous qui sommes normaux, ça peut aussi nous arriver ! » On nous a montré une mère qui accompagnait sa fille sur des tournages de films X. Bien évidemment, c'était un prétexte grossier pour nous la montrer dans des scènes *hot*... Bref, vous avez compris : c'est nul, c'est sale, c'est vulgaire. C'est TF1 !

JUIN 2002

Voilà qu'on apprend que *Confessions intimes,* l'émission de TF1 présentée par Géraldine Carré, est bidonnée. L'émission était vulgaire, obscène, méprisable, racoleuse... Alors le fait qu'elle soit bidonnée, on n'est plus à ça près !

L'autre jour, on y voyait une jeune fille dont le rêve était de signer un contrat avec Marc Dorcel – c'est-à-dire tourner des films X. Mais, pour ce faire, il fallait qu'elle tourne une scène chaude avec un hardeur. C'est ce qu'on appelle « un bout d'essai » ! Donc, elle était inquiète... Heureusement, le type, un Espagnol, était sympa. Mais savez-vous quel était son prénom ? Ramón ! Ça ne s'invente pas !... Pendant la scène, la fille l'encourageait en disant son prénom, elle criait : « Vas-y Ramón ! » Et l'autre disait : « Je sais ce que j'ai à faire ! »

DAVANT SOPHIE

JANVIER 2002

J'ai regardé hier l'émission de notre amie Sophie Davant, dont le thème était « Les anges gardiens ». Sophie, avec cette naïveté enfantine que nous aimons tant chez elle, croit dur comme fer aux anges gardiens. Comme elle croit aux tarots, aux voyants, aux numérologues, aux runologues, aux astrologues et aux proctologues...

Finalement, on s'est tous moqués du terroriste aux Adidas explosives, qui pense que, parce qu'il va faire sauter un avion il pourra pour l'éternité honorer 70 vierges – ce qui est, par définition, contradictoire ; ben oui, une fois qu'il les aura honorées, elles ne le seront plus, vierges ! En tout cas, tout le monde s'exclame : « Ah ! là, là, quel obscurantisme ! », mais, quand la télé française, y compris le service public, nous abreuve de témoignages de connards qui ont vu leur chien s'envoler ou un ange leur taper trois fois sur l'épaule, on les laisse témoigner devant une animatrice qui hoche la tête en les écoutant !

Hier, un type qui vient d'écrire un bouquin sur les anges gardiens racontait l'histoire d'un fou qui fait sauter une école maternelle avec une bombe artisanale. Eh bien, les anges sont venus dire aux enfants de se cacher sous les tables, et pas un n'a été blessé ! Personne ne lui a fait remarquer que, tant qu'à faire un miracle, Plume au cul aurait pu empêcher le fou de faire sauter l'école, ça aurait fait des économies !

Ensuite, le même type a raconté comment le général Patton avait vu un ange pendant la bataille de Verdun, que ça l'avait stimulé et qu'il avait gagné la bataille. Là, il était vraiment balèze, l'ange. Vu qu'à l'époque de Verdun, Patton était au Mexique où il se battait contre Pancho Villa et que le corps expéditionnaire américain n'est arrivé qu'un an après !...

Mais tu penses bien que Sophie, ça la trouble pas, ces conneries-là... Elle dit : « Bon, pour les auditeurs, soyons concrets. Comment s'adresse-t-on à son ange gardien ? » Et elle précise le plus sérieusement du monde : « Non, parce que moi, j'ai du mal à le contacter, mais j'ai une amie qui y arrive parfaitement : à chaque fois qu'elle veut se garer, elle appelle son ange gardien et elle trouve une place ! » On la sentait passionnée par le sujet, et je ne pouvais m'empêcher de penser aux dîners chez les Sled, où la copine raconte ses histoires de créneaux, avec l'ange qui lui dit : « Vas-y, recule, top !... »

À un moment, pris par l'exaltation, l'invité a raconté une autre histoire d'ange. Une dame marchant sur le trottoir entend son ange lui dire : « Vite, rentre dans la quincaillerie. » C'est vrai que ça sonne bien comme une phrase d'ange : « Vite, rentre dans la quincaillerie »... Et aussitôt, poursuit le type, un camion de

30 tonnes explose la quincaillerie ! Sophie, affolée : « Ben alors, il s'est trompé ? » Et le type, comprenant qu'il pédalait dans la semoule, d'un air digne : « En fait, c'est beaucoup plus compliqué que ça… » Il s'est rattrapé avec l'histoire de Marie-Paule qui, au moment où elle tombait dans un puits, a été soulevée par son ange qui l'a attrapée au vol comme un aigle et l'a déposée sur la margelle. Ensuite, elle aurait pu avoir un accident, mais un esprit est entré dans son corps et a garé la voiture, parce qu'autrement un camion l'aurait écrabouillée !

Cette même dame s'est couchée et s'est retrouvée debout au plafond de sa chambre. Elle s'est baladée, et son chien l'a suivie… Sophie : « Ah ! tiens, je savais pas que le chien suivait l'âme !… »

Ensuite, Sophie Davant a pris au téléphone Pierre, un retraité de Loire-Atlantique. On lui devinait la télécommande et les mots fléchés sur la table basse… Il commence par remercier Sophie pour ses très bonnes émissions. Là, on comprenait qu'il était assez diminué… Et il raconte en lisant avec application l'histoire suivante : « Le 4 août 1995, j'étais en voiture en compagnie de mon épouse, nous roulions depuis plusieurs heures sur des routes départementales difficiles où la circulation était intense. Très fatigués tous les deux, nous étions pressés d'arriver à destination, les journées précédentes avaient été fatigantes pour nous deux. » Vous aurez noté que Pierre a profité de sa retraite pour lire les ouvrages d'Alexandre Jardin – on reconnaît bien le style. Mais voyons la suite du récit : « Ma femme somnolait et je devais absolument assurer seul la conduite du véhicule... » Sophie Davant l'interrompt en réprimant un bâillement : « Donc, vous étiez très fatigué. » Pierre, imperturbable : « Je précise que mon épouse, avant chaque voyage, priait nos anges gardiens de veiller sur nous. Quant à moi, je ne manque pas de remercier systématiquement par anticipation pour un voyage sans histoire... » Sophie Davant : « Ah ! oui... Quand même... » Pierre : « Lors de ce voyage vers Lourdes, je me suis momentanément assoupi... » Sophie, rigolarde : « En plus vous alliez à Lourdes ? Hi hi hi !... Donc, vous vous assoupissez ? Essayez d'aller plus vite avant que nous nous assoupissions !... » Pierre, vexé : « Oui, au moment où je m'assoupissais, j'ai nettement perçu trois vigoureuses tapes sur mon épaule gauche, ce qui m'a fait sursauter car il n'y avait personne derrière moi et que mon épouse somnolait. Alors, brusquement réveillé, je redressai la trajectoire du véhicule qui avait dévié et c'est alors qu'un véhicule venant en sens inverse nous frôla de très près, car le souffle me réveilla. » C'était plus une histoire, c'était un constat de gendarmerie ! Sophie Davant, affligée, regardait discrètement sa montre. Pierre : « Je réalisai alors avoir échappé à un grave accrochage qui aurait pu entraîner de graves conséquences. Grace à la vigilance de nos anges gardiens, nous arrivâmes à destination sans conséquences. » Vous avez noté l'emploi du passé simple, le temps des chiants. Pour changer de conversation, l'animatrice demande au chroniqueur : « Mais quand vous avez coécrit le livre sur les anges avec votre coauteur, est-ce que vous en êtes sortis ébranlés ? » L'auteur : « Oui, totalement. » Et comme c'était l'heure de la rubrique culinaire, Sophie a enchaîné en demandant : « Alors, que peut-on faire des restes de camembert ? » Après les anges, c'est d'un goût !... Puis elle a conclu l'émission en disant « Demain, on vous expliquera comment déboucher un évier ! » Moi, j'aimerais bien qu'à la télé on explique comment déboucher l'esprit de certains animateurs. C'est d'autant plus difficile que la plupart d'entre eux sont bouchés à l'émeri !

MARS 2002

Hier, j'ai regardé l'émission de Sophie Davant consacrée, nous a-t-elle dit, « aux cabinets à travers les âges ». C'était une sorte de grande fresque historique. On a vu la chaise percée de Louis XIV, on nous a expliqué le rôle du cotonnier dont la place était très convoitée... Le cotonnier était un type qui, à l'aide d'un coton-tige géant, essuyait le roi puis, afin de limiter les irritations anales lui passait un peu de pommade – un peu comme Stéphane Bern qui, pour payer ses études, a fait des extra en qualité de cotonnier chez Otto de Habsbourg. Mais bon, il était jeune, il avait faim...

Ensuite, on a eu droit à la description de la porcherie de Versailles, telle qu'on l'a apprise à l'école, les nobles qui faisaient leurs besoins dans les placards, derrière les rideaux... Et on voyait que Sophie Davant était songeuse. On sait que ce silence est généralement suivi d'une illumination. Là, pas de déception, elle a dit : « Eh oui, avec les banquets à l'époque ils mangeaient beaucoup, alors forcément ils devaient faire des cacas énormes ! » En une seconde, on comprenait le mystère du château de Versailles qu'Alain Decaux et André Castelot n'avaient jamais osé nous révéler !

Comme c'était une émission interactive, un auditeur prénommé Gaston a téléphoné. Sophie Davant : « Ah ! nous avons Gaston en ligne… Alors, Gaston, y a l' téléphon qui son ? » Gaston : « Oui, oui, bon… » On sentait que depuis trente ans on lui faisait la blague, donc l'effet de surprise était un peu émoussé. Alors, pour le détendre, Sophie lui demande : « Dites-moi, Gaston, vous vous intéressez à l'histoire ? » Gaston pose sa question, la réponse du spécialiste est interminable et, à la fin, Sophie lui demande : « Alors, on a bien répondu à votre question, Gaston ? » L'autre : « Ahhh… » Là, on a compris qu'il s'était endormi la bouche ouverte, Gaston, et qu'il venait de se réveiller en sursaut !…

En conclusion, Sophie nous a expliqué que, si on voulait tout savoir sur les cabinets à travers les âges, il suffisait « d'aller voir une exposition qui se tient au château de… ». Là, elle s'arrête en lisant le panneau, elle croyait que les techniciens lui faisaient une blague. « Au château… de chieur ? C'est ça… ? ! » Ça ne s'invente pas !

DÉFENSE D'ENTRER

FÉVRIER 2002

J'ai regardé hier soir sur TF1 l'émission *Défense d'entrer* présentée par Valérie Benaïm, celle que Stéphane Bern, avec l'élégance aristocratique qui le caractérise, surnomme « la bouffie ». L'idée de *Défense d'entrer*, c'est de nous montrer des endroits interdits. En guise d'endroits interdits, on a vu un reportage sur le type dont le boulot consiste à remettre en place les coussins à l'ambassade de France à Rome. Et si en France tout se termine par des chansons, à TF1 tout se termine par du cul : conformément à ce principe, l'émission s'est terminée par les images d'un club sado-maso.

Comme d'habitude dans ce type d'émission, il y a des invités et des chroniqueurs, et parmi ces derniers on a retrouvé avec plaisir notre vieille connaissance, Sandra Valentin. Vous vous souvenez de Sandra Valentin ? Elle animait une émission dominicale le soir sur France 3, avec un dénommé Eric Jeanjean. Lui c'était JeanJean, elle c'était Neuneu ! Je me souviens qu'elle avait affirmé un jour : « Contrairement à ce qu'on croit tous, un éléphant n'est pas éternel. Et heureusement qu'y sont pas éternels, les z'éléphants, passque comme y grandissent tout au long de leur vie, s'ils étaient éternels, oh ! là, là !... »

Oh ! là, là ! En effet, il n'y a rien d'autre à dire.

Mais ce qu'elle dit n'a aucune importance, car elle est présentatrice à la télé grâce à une hypertrophie mammaire, reconnue d'ailleurs dans toute la profession. On la fait travailler uniquement pour ses seins... Valentin !

Hier, elle a montré un truc efficace contre les retombées chimiques : en fait, c'était un pince-nez !

Et l'émission s'est terminée par un reportage sur un club de sadomasochistes pratiquant la vente d'esclaves aux enchères – nous ne rappellerons jamais assez combien Lelay avait raison de stigmatiser la télé poubelle ! Un journaliste explique : « Derrière cette porte anonyme d'une rue de Paris se pratique la vente aux enchères d'esclaves sexuels. On ne peut y entrer que si on fait partie du club. Il est 22 heures, les membres du club arrivent, en couple, c'est obligatoire. Tous sont sadomasochistes. Dans la vie, ils sont médecins, PDG ou hauts fonctionnaires. Et dans leurs sacs à main, les accessoires de leurs jeux interdits : fouets, cravaches… » Là, on voit donc une dame soumise être mise aux enchères. Une autre – une dominatrice dont on nous précise qu'elle est haut fonctionnaire dans un ministère – remporte l'enchère et a le droit d'aller la fouetter dans les toilettes. C'est normal, elle est chef de cabinet !

DEMAIN, TOUS OBSÉDÉS

JANVIER 2002

Hier soir, j'ai regardé *Demain, tous obsédés.* Le titre était alléchant – si j'ose dire –, mais en fait il s'agissait de sujets bateaux : un fan de sport, une dame qui maigrit et un type qui aime les fringues. Tout ça sous l'œil de personnalités qui débitent des généralités, d'un psychiatre, monsieur Lejoyeux, ainsi que Delpérier, l'animateur de M6 qui fait beaucoup de sport…

Alexandre Delpérier, c'est un pseudo, c'est pas son vrai nom. Il a choisi Delpérier parce qu'on lui disait qu'il a de l'eau avec des bulles dans la tête. Je ne sais pas si vous vous souvenez, ce type est l'ancien coprésentateur de *Vidéo Gag* avec Bernard Montiel. Maintenant, Bernard Montiel présente l'émission avec son chien. Parce qu'à TF1 ils ont trouvé que le chien était plus brillant que notre ami Alexandre Vichy-Célestins ! En disant ça, je pense au CV du garçon... « Expérience professionnelle : ex-animateur de *Vidéo Gag*, remplacé par le chien de Bernard Montiel. » À mon avis, il va avoir du mal à retrouver un emploi...

Donc, notre ami, qui n'a plus rien à faire de ses journées puisqu'il commente le foot sur M6 – c'est comme photographe au *Monde*, ça laisse des loisirs –, Alexandre San Pellegrino donc, n'a rien à foutre de ses journées et il est devenu obsédé de sport. Un reportage le montrait au petit matin se rendant au Gymnase Club, puis rentrant chez lui à petites foulées. À un moment, il voit une petite vieille qui revenait du marché en tirant avec peine son Caddie, alors notre ami Delabadoit décide de frimer, il regarde la caméra et dit : « Ça sert aussi à aider de faire du sport. » Et le voilà qui attrape le chariot de la mémé ! L'autre, elle croyait que c'était un sauvageon qui voulait lui piquer ses poireaux : elle se retourne en le menaçant de sa canne ! Il dit : « Non, mais c'est pour aider », mais elle n'avait absolument pas envie d'être aidée ! Et comme elle allait le frapper, il a ri niaisement et a poursuivi son chemin à petites foulées...

Comme invitée, il y avait Mia Frye, l'odieuse prof de danse de *Popstars*. Le présentateur lui a dit : « Votre vie est couronnée de succès, puisque *La Macarena*, c'est vous. À quoi attribuez-vous votre réussite ? »

L'autre lui répond : « Bon, il y a le talent bien sûr, mais que serait le talent sans le travail ? » Et c'est vrai que dans *La Macarena*, on sent à la fois le travail et le talent, et que chez Mia on sent surtout la modestie.

DICTÉE DE PIVOT

JANVIER 2002

Hier, j'ai regardé la finale de la dictée de Pivot. D'ailleurs, ça ne s'appelle plus la dictée, parce que le mot avait un côté Jules Ferry, blouse grise et compas à craie – vous vous souvenez des compas à craie ? Donc, maintenant ça s'appelle *Les Dicos d'or*. « Dico », c'est pour faire jeune. Mais du coup, ça n'a pas de sens, car le troisième est « Dico d'or de bronze », le second « Dico d'or d'argent » et le premier « Dico d'or d'or » ! Mais bon, ça fait jeune. On sentait bien que c'était le mot d'ordre de la chaîne. Ils ont dit à Pivot : « Écoute, Bernard, il faut absolument rajeunir l'émission et bouger un peu. » Et toute la semaine dernière, on a pu voir sur France 3 des annonces de promo pour la dictée, avec Pivot qui dansait. C'était surréaliste. Il claquait des doigts pour bien marquer le rythme, ce qui constitue pour lui une audacieuse figure de danse moderne !

Mais ça n'a rien changé : la dictée est d'une tristesse infinie. Il y a des rites, des mots d'initiés, les QCM, les SNP, un SNP a réussi les QCM – un senior non professionnel a répondu aux questions à choix multiple...

Un qui doit être content, c'est Jean-Pierre Foucault. Il ne savait pas que dans *Qui veut gagner des millions* il posait des QCM !

Donc, *La dictée*, avec ces mots qu'on ne connaît pas, et puis le corrigé avec le spécialiste, un linguiste qui donne les racines latines ou grecques des mots, le genre de type qui essaie de cacher sa calvitie avec un seul cheveu tournicoté, comme le faisait Giscard à une époque. Le type, le matin, quand il se réveille, il a un cheveu qui traîne par terre, mais après il passe une heure à bien l'enrouler sur son crâne !...

Je vous passe les attractions — oui, parce que ça se déroulait dans un amphithéâtre de fac de sciences, et Pivot avait trouvé malin de faire venir un savant qui travaillait sur l'alimentation. Il lui demande : « Alors, sur quoi travaillez-vous en ce moment ? » Et le type répond : « Sur la mayonnaise. » Pivot : « Ah ! bon ? Vous faites des études sur la mayonnaise ? — « Oui, j'essaie de vérifier le dicton selon lequel certains jours du mois les femmes ne peuvent monter une mayonnaise ! » Là, Pivot est devenu vert. Et, sortant les avirons, il demande à Florence Klein qui coprésentait l'émission : « Alors Florence, ça vous inspire la science ? »

DION CÉLINE

NOVEMBRE 2002

Hier, M6 diffusait une hagiographie de Céline Dion, intitulée *Céline à tout prix,* où comme d'habitude, cette dernière nous infligea ses intimités : la date de ses dernières règles, les dernières analyses de René, la ménopause difficile de sa maman, et les selles de son fils.

Franchement, j'exagère à peine, on eût droit, comme d'habitude à la mère en duplex, à Céline mettant sa main devant sa bouche pour montrer sa surprise et son émotion, alors qu'elle travaille depuis 15 jours sur le conducteur de l'émission, qu'ils ont refait l'enregistrement de la mère plusieurs fois, parce qu'elle bafouillait, mais peu importe. La mère explique qu'elle l'avait prénommée Céline après avoir entendu la chanson d'Hughes Auffray.

Du coup, ils avaient invité Auffray, imbu de lui-même comme à l'accoutumée. C'est fou, ce type a tout inventé : la musique skiffle, les boots, les guitares folk, il a découvert Bob Dylan, les Beatles et les Rolling Stones, autant vous dire qu'il ne semblait pas étonné le moins du monde qu'on ait donné le nom d'une de ses chansons à une québécoise.

Il écoutait la mère avec un sourire imbécile de satisfaction, puis il chanta Céline. À la fin de la chanson, Céline Dion pleura comme il était prévu à la répétition et vint embrasser le chanteur, qui béat de fatuité souriait aux anges.

Mais soudain, son sourire se figea lorsque Céline entre deux sanglots, lui déclara : « Merci, merci beaucoup... Hugo ! »

À cet instant Hugo n'était pas frais du tout.

DRÔLE DE ZAPPING

SEPTEMBRE 2001

Samedi soir, j'ai regardé Alexandra Kazan, qui connut son heure de gloire à Canal+ où elle était drôle et inventive, et qui fait maintenant partie du groupe Endemol. À ce titre, elle présente une émission racoleuse en lisant laborieusement son prompteur…

À propos, j'ai revu l'autre jour Valérie Payet. Pareil. L'ancienne de Canal qui présente le tirage du Loto… C'est terrible la télé, un jour tu présentes *Célébrités* et le lendemain tu es obligé de te farcir des invités sourds, comme le sculpteur Armand à France Inter !…

Donc, Alexandra Kazan présente *Drôle de zapping*, émission produite par Endemol, en conséquence vulgaire, *trash* et racoleuse. Une émission qui fonctionne sur le vieux principe hypocrite : « Oh ! Regardez cette émission odieuse sur une télé étrangère ! Espérons que ça ne viendra jamais en France !… » Tu parles ! En fait, cette émission constitue pour Arthur une étude de marché. Il analyse l'Audimat séquence par séquence et détermine ainsi quelle nouvelle émission de merde il va nous infliger !

Pour vous préparer, voici ce qui nous attend dans un avenir proche : à la télé anglaise on a vu un casting pour le *Dog Loft*. C'est comme le *Loft*, sauf que ce sont des chiennes. Enfin non, c'est pas comme le *Loft* : ils refusent les chiennes en chaleur et les chiens qui pètent. Mais sinon, c'est exactement comme le *Loft* ! À la fin, les gens téléphonent pour dire qui ils préfèrent.

Là, ça se jouait entre Sally et Bess, c'est cette dernière qui a gagné. Vous imaginez, en 2003, téléphoner à la télé pour virer un chien du *Loft* !

À propos de *Loft*, Canal+ s'y met aussi. Ils ont remplacé l'émission d'humour *Grolandsat* par *Cours Florent*. C'est exactement comme *Star Academy*, sauf que, comme c'est Canal, ça s'appelle *Cours Florent*. Et au lieu de chanter des merdes de comédies musicales, les candidats répètent du Feydeau.

Revenons à *Drôle de zapping*, qui nous a montré le pire du pire, une émission de challenge TV, le jeu *Endurance*. Ça plaît beaucoup à Arthur, ça. Lelay, avec son intransigeance sur la télé-réalité, va l'acheter très vite. Il s'agit d'un jeu avec des candidats peu à peu éliminés par des épreuves humiliantes et blessantes, et le vainqueur gagne un voyage. La première épreuve consiste à s'allonger sur le dos, à lever les jambes et à les garder le plus longtemps possible levées. Deux Japonais armés de triques fouettent les candidats qui faiblissent en les insultant. S'ils baissent les jambes, ça perce un ballon qui leur fait tomber un seau d'eau savonneuse sur la figure, tandis que les Japonais les fouettent de plus belle !... À ce stade, il ne reste que trois candidats à qui on entoure la tête d'un sac en plastique transparent rempli de bière et qu'ils doivent boire. Mais le niveau monte plus vite qu'ils ne boivent, et donc ils se noient dans la bière tandis que les Japonais continuent à les fouetter !

Après l'épreuve, le commentateur s'approche du perdant qui se fait conspuer par le public, et lui demande un commentaire. Là, le candidat malheureux lui a balancé un rot qui a fait comme un brushing sur ses cheveux…

Ensuite, accrochez-vous, on remplit le slip des deux finalistes de caramel liquide, et ils se doivent se tenir sur des barres parallèles au-dessus d'un brasier qui en chauffant durcit le caramel, qui devient brûlant ! Pendant ce temps-là, les deux Japonais continuent de leur balancer des coups de triques, des seaux d'eau, de la farine et des œufs pourris…

Le perdant quitte le jeu sous les huées, la tête couverte de farine et de jaune d'œufs et la quéquette caramélisée… Voilà. Ça va pas tarder à arriver, au moins vous êtes prévenus !

DRUCKER MICHEL

JANVIER 2002 (1)

Il y a chez Bruno Masure quelque chose de mystérieux, un cheminement dans les méandres de son esprit qui nous échappe. Hier, Michel Drucker recevait Laetitia Casta. Cette fille est belle, intelligente, humble, et surtout elle n'est pas vulgaire. Et savez-vous ce que Bruno a trouvé comme question à lui poser ? « Laetitia Casta, 29 % des Français ne savent pas planter un clou, et vous ? » Là, c'était Laetitia qui était crucifiée par la question !

JANVIER 2002 (2)

Hier, j'ai regardé *Vivement Dimanche* de Michel Drucker, avec Franck Lebœuf. Un type qui s'appelle Lebœuf, je vous laisse imaginer le festival de jeux de mots qu'a pu nous faire Bruno. On a eu droit à tout : « Lebœuf nous taille une bavette », « Lebœuf est fort comme un taureau », « Quand Lebœuf marque un but, Leboeuf est dans le filet », « Quand il perd, Lebœuf pleure comme un veau »...

Au fait, je voudrais lancer un message de détresse à Michel Drucker. Michel, s'il vous plaît, faites revenir Gérard Miller. Il nous manque ! En plus, je ne sais pas si vous l'avez vu chez Laurent Ruquier, il ne porte plus ses lunettes de commissaire du peuple. On voit beaucoup mieux ses petits yeux lubriques. Bon, c'est vrai, ses interventions dominicales étaient grossièrement démagogiques, mais il nous faisait tellement rire ! Surtout quand il essayait d'être drôle ! Non, parce qu'à la place de Miller ils ont mis un type épouvantable avec un nom de manager de boxe, Benhamou ou je sais pas quoi, un vieux fat, suffisant, qui postillonne partout, onctueux avec les puissants... Le jour où Bernadette Chirac est venue sur le plateau, on aurait cru une midinette... Et surtout, il bouffe le micro en interrompant Bruno ! Et interrompre Bruno pendant sa poésie, c'est plus qu'une faute, c'est un crime !

MARS 2002

Un mot à Michel Drucker : « Michel, avant le passage à l'antenne de Pierre Bénichou, si vous pouviez lui passer le petit aspirateur de bouche dont se servent les dentistes, parce que la surproduction des glandes salivaires dont souffre votre chroniqueur est assez pénible à l'image. Par ailleurs, si vous pouviez également lui demander de cesser de se décrotter le nez… Parce qu'hier, quand il a dit à Élie Semoun : « Votre séparation d'avec Dieudonné me rappelle la séparation de Dean Martin et Jerry Lewis », il crachait tout en se décrottant le nez, et c'était particulièrement désagréable. Pensant que sa métaphore sur Dean Martin datait un peu, il a enchaîné en rappelant que Fernand Raynaud n'aimait pas Robert Lamoureux. Je vais vous dire : à cet instant, on attendait la poésie de Bruno Masure avec impatience !

AVRIL 2002

Michel Drucker recevait hier Michel Roux. Bon, déjà, penser que des téléspectateurs ont pu se dire : « Tiens, c'est dimanche, il fait beau, on va regarder Michel Roux tout un dimanche chez Drucker ! »…

L'émission ressemblait à ces matinées théâtrales du dimanche… Bref, on se serait ennuyé ferme s'il n'y avait eu cette… comment dire… cette chose extraordinaire sur la tête de Michel Roux, cette chose blanche fascinante – il faut dire que le parcours capillaire de ce garçon m'a toujours fasciné. Lorsqu'on revoit des rediffusions d'anciennes pièces de boulevard de la série *Au théâtre ce soir* datant des années 1970, on remarque que Michel Roux est chauve. Puis, dans les années 1980, apparaissent les premiers implants. On le sait trop peu, mais Michel Roux fut l'un des premiers à utiliser cette technique. À l'époque, on aurait cru Lagaf, mais en vieux ! Le problème, c'est que ça n'a jamais marché. Il doit faire un rejet… On aurait cru qu'il avait un champ de poireaux sur la tête ! Puis Michel Roux traversa une période difficile : on avait l'impression qu'on lui avait greffé les poils pubiens de Demis Roussos… Bref, après quarante-cinq tentatives infructueuses de greffes d'implants, il a décidé de changer radicalement de voie et de poursuivre son chemin de croix capillaire avec la pose d'un postiche. Comment dire… Vous voyez la moumoute de Dick Rivers avec la banane ? Eh bien, ils lui ont collé la même, mais en blanc. Je devrais dire en bleu – vous savez, ces reflets qu'adorent les mamies ! Seulement, le posticheur n'a pas respecté la structure du visage, et ça fait comme une couche supplémentaire, comme une strate, comme une espèce de casquette sur les implants…

C'est dommage, car avec toutes ces péripéties capillaires on a tendance à oublier que Michel Roux est un grand comédien… Enfin, un bon comédien… Enfin, qu'il joue des pièces rigolotes avec des portes qui claquent pour des comités d'entreprises et des clubs du troisième âge…

SEPTEMBRE 2002

Moi, j'aime Michel Drucker. D'abord, un type qui a viré Gérard Miller ne peut pas être totalement mauvais… Et pourtant… Au début, on se réjouissait du départ du commissaire du peuple et de la fin de ses diatribes vespérales démagogiques. Mais, avec son remplaçant, Michel nous a fait tomber « de Caraïbes en syllabes », comme dirait un animateur télévisé dont je tairai le nom – qui présente *Vidéo Gag* et qui s'appelle Bernard Montiel. Donc, au début, on se réjouissait du départ de celui qui, à l'en croire, en mai 68 a mis en déroute à lui seul une compagnie de CRS, alors que dès la première charge il s'est mis à courir comme un dératé, puis, ayant perdu ses lunettes dans la cohue, s'est assommé contre une pissotière !

Eh bien je vais vous dire, plus ça va et plus j'aime Gérard Miller. D'autant que Michel Drucker l'a remplacé par Ben Chemoul, directeur au *Nouvel Obs.* Lui, c'est l'homme qui ne déglutit jamais. Je ne sais pas si vous avez remarqué, c'est incroyable : ce type, lorsqu'il parle, on dirait qu'il est sous l'eau, ça fait « glo, glo, glo… ». Mais, me direz-vous, à stocker ainsi son excédent salivaire, comment finit-il par l'évacuer, puisque Michel ne lui a pas fourni l'aspirateur dont je parlais précédemment ? Eh bien, il le postillonne ! Il le recrache ! Il l'expectore au visage de l'invité lorsqu'il lui pose des questions ! Enfin, lui poser des questions, c'est beaucoup dire, car pour monsieur Bénichou l'invité n'est qu'un prétexte à parler de lui. Par exemple, il a Johnny Hallyday en face de lui et il dit : « Johnny Hallyday, vous me rappelez une anecdote personnelle. L'autre jour je faisais mes courses chez Franprix, la caissière me reconnaît et me dit "Oh ! monsieur Bénichou, comme vous avez du talent !" »

Malgré tout ça, j'aime beaucoup Michel Drucker. Parce qu'il est là depuis toujours. Il fait partie de ceux, qu'on les aime ou non, qui font partie de notre histoire. Ils sont quatre. Il y a Johnny, Alain Delon, PPDA et Michel Drucker. Immortels, comme les académiciens… Bon, c'est vrai qu'il est parfois irritant. Par exemple, depuis trente ans, il n'a jamais vu un mauvais film, écouté un disque merdique ou vu une mauvaise pièce de théâtre jouée par des comédiens sur le retour ! Michel Drucker est là depuis toujours, il a tout connu, les années 1960,

Sport Dimanche avec Roger Couderc, les années 1970 avec Claude François, les années 1980... Vous vous souvenez, le samedi soir, *Stars 80* et Michel avec son brushing et ses costumes Renoma ?

Un jour de gloire où j'étais invité par Antoine de Caunes, Michel Drucker est arrivé dans ma loge et il a mis en marche la télé qui s'y trouvait, en m'expliquant qu'outre les chaînes traditionnelles un canal permettait de voir ce qui se passait sur le plateau. Il allume l'écran et, en voyant le décor du plateau vide qui l'attendait, il me dit : « Après toutes ces années, j'ai la peur au ventre quand je me dis que je vais devoir entrer sur ce plateau. Je me demande pourquoi je fais ça... » Moi, je sais. Drucker est un môme qui tire son père par la manche : « Eh, papa, t'as vu ? Je suis à la télé, regarde !... »

DURAND GUILLAUME

FÉVRIER 2002

Hier, je me suis dit : « Pour me changer les idées, je vais regarder une émission culturelle. » J'ai vu sur le programme que *Campus* de Guillaume Durand était consacré à l'égyptologie. On annonçait comme invités Christiane Desroches-Noblecourt, Roger Caratini et Dominique Strauss-Kahn. Lui, comme égyptologue, ça surprenait, bien qu'il ait épousé une momie... Mais quelle ne fut pas ma surprise de constater que, pour Guillaume Durand, l'égyptologie c'était le film *Astérix, mission Cléopâtre* !...

C'était Luchini qui disait : « Même médiocre, la télé a le mérite de nous indiquer l'état culturel d'un peuple. »

FÉVRIER 2002

On ne parle pas de la campagne électorale… Quand même un mot, c'est plus fort que moi : je ne sais pas si vous êtes au courant, ils viennent de sortir les jeunes loups du RPR. C'est nouveau, ce sont de jeunes parlementaires – enfin jeunes, vous affolez pas, c'est par rapport à Bernard Pons ! De jeunes parlementaires à qui on a promis des postes de secrétaires d'État avec Safrane et qui montent au créneau sur le thème : « Ouais, nous, comme on est jeunes, les affaires datent d'il y a longtemps, d'avant nous, alors on s'en fout ! » Parmi eux, il en est un particulièrement gratiné, un dénommé Coppé. Il a beau être un jeune loup, ce n'est pas un saint… Coppé a déclaré : « Oui, nous, ça ne nous intéresse pas de savoir comment monsieur Jospin a payé sa maison de l'île de Ré. Ce qui nous intéresse, c'est son bilan ! » Vous avez compris la ruse grossière, la figure de rhétorique hypocrite qui consiste à dire : « Qu'on ne compte pas sur moi pour dire… » Et hop, on balance ! Là, la phrase de Coppé présente trois avantages : il ressort une vanne sur la maison de l'île de Ré – je rappelle que l'affaire a été classée sans suite –, il ne parle pas des affaires de droite qu'il enterre sous prétexte de son jeune âge, et il pense qu'on ne s'aperçoit de rien !

On a eu la droite la plus con du monde, la gauche la plus con du monde, maintenant on a les jeunes loups les plus cons du monde !

Hier, j'ai regardé sur LCI un débat dont le thème était : « Les humoristes peuvent-ils changer les résultats des élections ? » Comme humoriste il y avait Jean Amadou, qui a commencé par dire au sujet de la cohabitation – je vous jure que c'est vrai : « On a un peu tendance à l'oublier, mais Léon Blum était plus proche de Paul Reynaud que de Maurice Thorez ! » Bon, après on a été un peu déçus vu qu'il n'a rien dit sur Vincent Auriol et René Coty, mais il a conclu avec cette phrase magnifique : « Je ne crois pas que les humoristes puissent changer le vote des Français. Par exemple, les gens qui viennent me voir au Théâtre des Deux-Ânes ne vont pas jouer sur le résultat des élections. »

Franchement, nous non plus, on croit pas... D'autant plus que les gens qui vont voir Amadou en ce moment aux Deux-Ânes seront morts avant le premier tour !

ÉMISSION DES RECORDS (L')

FÉVRIER 2002

J'ai regardé *L'Émission des records* présentée par Vincent Perrot. Il s'agit d'une émission où des gens battent des records idiots pour avoir leur nom dans un livre à la gloire d'une bière tiède. Tu parles d'une consécration ! En plus, c'est du TF1, c'est-à-dire que c'est complètement bidonné. Par exemple, un type voulait battre le record du monde de saut en roller. Déjà, il y avait un challenger chargé de montrer à quel point c'était difficile. Il fait les trois tentatives – oui, parce qu'on ne sait pas pourquoi, mais dans cette émission ils n'ont droit qu'à trois tentatives, comme si c'était les JO, alors que les types peuvent tenter autant de fois qu'ils veulent, mais là non, c'est trois tentatives pour donner un semblant de suspense –, donc le challenger fait ses trois tentatives et se vautre. Vincent Perrot essayait de faire monter la sauce, mais comme il n'a pas fait l'*Actor's Studio* on voyait bien que c'était comme à la répétition... Et le champion arrive, évidemment il se vautre également aux deux premières tentatives et il réussit brillamment la troisième !... Monsieur Perrot, on n'y croit pas une seule seconde !

Ensuite, on a eu droit à la tentative de record du monde d'ouverture de capsules de bouteilles avec les dents. Là, le type n'a fait qu'un seul essai, on ne sait pas pourquoi !...

Et puis ils invitent toujours un candide qui authentifie le record : le jour où il y a eu la tentative de record du monde de sauté de slip, c'était Stéphane Bern qui était témoin – on se demande pourquoi !

ENVOYÉ SPÉCIAL

JANVIER 2002

Hier soir, à la télé, les émissions ne prêtaient pas à rire. Par exemple, *Envoyé Spécial* sur les centenaires. On voyait un couple de petits vieux centenaires, Roger et Marthe. C'était très touchant, surtout qu'en plus ils étaient en forme... Si j'ai été ému par cette émission, c'est que, vous le savez, Stéphane vit avec la princesse de Chimay, qui va sur ses 97 ans et a conservé une sexualité exacerbée… Elle est en pleine forme ! À peine un léger tremblement de la main, mais Stéphane ne s'en plaint pas !

Bon, comme il faut que je salisse tout, il faut que je vous raconte un truc. À un moment, on voit un monsieur centenaire affirmer qu'il joue au tennis. Du coup ils l'ont cru, ils l'ont emmené sur un court, et là le cameraman avait eu l'idée audacieuse, pour montrer le service du vieux monsieur, de le filmer en contre-plongée. Donc on le voit qui lance sa balle, puis qui veut lever sa raquette pour servir. Mais il avait présumé de ses forces : son bras retombe et la raquette frappe violemment l'opérateur ! Simultanément, on voit la caméra tomber, puis rester sur un plan fixe du sol du court de tennis…

FABRE DENISE

JANVIER 2002

Une nouvelle dramatique. Alain Passerelle, de la rédaction de France Inter, m'a remis une dépêche AFP authentique, dont voici le texte : « La présentatrice de télévision Denise Fabre a été victime d'un vol à la portière, samedi soir sur les hauteurs de Nice, a-t-on appris de source policière. Denise Fabre se trouvait au volant, pendant que son mari restaurateur ouvrait le portail d'une villa d'amis, lorsqu'un jeune lui a dérobé son sac en peau d'autruche sur le siège passager, avant de s'enfuir en scooter. La présentatrice a déposé plainte pour le vol de son bagage à main, qui contenait, a-t-elle précisé, de l'argent, une carte de crédit, une bible… et surtout un nouveau projet d'émission télévisée. »

Alors je voudrais m'adresser au jeune sauvageon, qui déjà va se faire foutre de lui dans toute la cité avec son sac en peau d'autruche – du genre : « Eh, les mecs, venez voir Mouloud avec son nouveau sac à main ! » Oui, alors là j'ai dit Mouloud, c'est du second degré. C'est comme quand Bedos dit : « À Marrakech, c'est plein d'Arabes » – je dis ça pour pas recevoir le courrier des trop bien-pensants. Jeune sauvageon, écoute-moi. Tu peux garder l'argent, la carte de crédit et la bible, mais je t'en conjure, ramène à la gendarmerie la plus proche le projet d'émission télé de Denise Fabre que la France entière attendait ! En plus, si ça se trouve, c'était une émission avec Raphaël Mezrahi, je vous laisse imaginer ce qu'on perd ! Et puis elle avait déjà pris rendez-vous avec les patrons de chaînes qui ne voulaient pas la vexer… Là, quand elle va les appeler pour se décommander, vous imaginez la conversation : « Bonjour, c'est Denise Fabre. Je peux pas venir, on m'a volé mon projet d'émission avec Raphaël Mezrahi. »

Le patron de chaîne : « Ah ! zut, c'est trop bête ! Ben, écoutez Denise, prenez bien votre temps pour le réécrire et on se rappelle dans six mois ! » Et à peine raccroché, le type hurle : » Yes, yes, yes ! », saute de joie sur son bureau et se met à esquisser quelques pas de flamenco !

FABULEUX DESTIN DE... (LE)

SEPTEMBRE 2002 (1)

J'ai regardé, hier soir sur France 3, *Le Fabuleux Destin de...*, un remake d'*Avis de recherche* de Patrick Sabatier, dans lequel Isabelle Giordano retrouve les copains d'enfance de vedettes invitées. Pour être franc, je dois avouer que j'éprouve un plaisir sadique à regarder ce genre d'émission. Parce que le retour vers le passé des célébrités leur est forcément pénible, vu que, si elles sont devenues des personnages publics, c'est pour être reconnues et compenser un terrible manque affectif lors de la puberté... Et que généralement leur adolescence n'a été qu'un long calvaire ponctué de railleries, de quolibets et... de pratiques solitaires.

Du coup, l'émission d'Isabelle Giordano, qui se veut festive et émouvante, dégage une impression terrible d'angoisse et de peur. Oui, dans cette émission, les personnalités invitées ont peur. Parce qu'elles passent leur temps à contrôler leur image, et que là elles ne peuvent rien faire quand le passé les rattrape. On les devine terrorisées à l'idée qu'un camarade de classe leur balance un souvenir épouvantable, du genre : « Nous avons retrouvé Michel qui était en internat avec vous. Alors, Michel, quel souvenir avez-vous conservé de notre star ? » Michel : « Ah ! ben pas grand-chose, sauf que j'me rappelle que dans les douches on le surnommait P'tite bite ! »

Il y a autre chose d'épouvantable dans cette émission, c'est la photo. Terrible et agrandie. Elle couvre le fond du studio, présente en permanence derrière l'invité comme l'œil de Caïn, pour rappeler à la star à quel point à elle fut mal dans sa peau. À cet égard, la photo de Laurent Ruquier, invité hier soir, était hallucinante. Sur ce cliché de classe de terminale, il ressemblait à un témoin anonyme dans une émission de Delarue. Vous savez, les types qui se collent une fausse barbe et des lunettes épaisses pour pas qu'on les reconnaisse ! C'était pas Laurent Ruquier en terminale, c'était Laurent Ruquier au stade terminal ! On aurait cru le fils que j'aurais eu avec Laspallès !

Et puis évidemment, dans cette émission, il y a les retrouvailles avec les copains d'école, ceux qui vous ont brimé, humilié, brocardé en parfaite impunité, ceux dont on ne voulait plus jamais entendre parler et qui reviennent dans votre vie vous rappeler l'enfer qu'ils vous ont fait vivre…

Vous avez aussi les anciens copains mythomanes. Hier, l'autre invitée de l'émission était Mathilde Seigner, et on a assisté à la scène suivante : Isabelle a demandé à Mathilde Seigner si elle se souvenait de ses vacances adolescentes à Bréhat. Oui, Mathilde se souvenait. « Et de votre amoureux, vous vous en souvenez ? »

Mathilde :

— Ah ! non, j'vois pas.

— Eh bien, Mathilde, voici votre fiancé de l'époque !

Étonnement de Mathilde… Là, un type visiblement satisfait entre sur le plateau.

Isabelle :

— Alors, vous étiez le fiancé de Mathilde ?

Le type décontracté, sûr de lui :

— Ouais, j'étais son fiancé.

Mathilde, reconnaissant enfin une vague connaissance dont elle n'avait gardé aucun souvenir :

— Oui… Enfin, fiancé, c'est beaucoup dire…

Et Giordano lisait sur sa fiche ce qu'avait raconté le type :

— Mais vous êtes restés longtemps ensemble !…

Mathilde :

— Euh non… pas vraiment…

En fait, on comprenait que le type avait dû lui rouler une pelle pendant un slow, et pendant toutes ces années il s'était fait un film en racontant à ses potes : « C'est moi qui ai refusé le mariage… »

Et puis, dans ce genre d'émission, il y a une autre chose terrible, c'est l'âge. Car les vedettes passent leur temps à cacher leur âge. Et lorsque vous voyez arrivez leurs copains de classe, vous prenez conscience de l'âge réel de la star. Je me souviens à cet égard de l'*Avis de recherche* de Bernadette Lafont, cette dernière arrivant sur le plateau en sautillant et en faisant des œillades — genre « je suis jeune, je séduis. » Lorsqu'ils ont fait entrer sa classe, c'était la maison de retraite Saint-Hippolyte ! Il y avait des mamies, que les bonnes sœurs avaient amenées dans leur fauteuil en chemise de nuit avec la perfusion et la serpillière en-dessous, d'autres avançaient à l'aide de déambulateurs – on aurait cru une patrouille de *Robocop* –, d'autres ne disaient rien, contrariées d'avoir raté *Derrick*… D'autres enfin, hébétées, demandaient si le docteur avait déjà commencé la visite !…

J'ai moi-même enquêté et retrouvé plusieurs copains d'école de Stéphane Bern. L'un d'entre eux se souvient que, l'année où il fut dans la classe de Stéphane, ce dernier traversa une période difficile, perclus d'acné au point que ses copains de classe l'avaient surnommé « le clavier », tant il avait de boutons. Là, s'en est suivi un débat avec un autre élève qui soutenait qu'il ne s'agissait pas d'acné, mais de bubons à pointes blanches que Stéphane Bern aurait percés pendant les cours de chimie en s'aidant d'un petit miroir caché dans sa trousse... Monsieur X, son professeur principal, se souvient d'un enfant à l'adolescence difficile, préoccupé essentiellement par la découverte de son corps... D'aucuns associant ses problèmes épidermiques à une autosexualité intensive... Il ajouta : « Qui aurait dit que cet enfant timide, avec sa blouse noire Dormeuil fermée sur le côté du col, deviendrait cet homme épanoui au corps d'athlète, qui a couru nu tout l'été sur les plages de Mýkonos aux côtés d'un joyeux danois remuant la queue ? Qui aurait pu dire que cet enfant qui n'avait rien, que cet enfant sauvage, abandonné très tôt dans la forêt et nourri par une louve, deviendrait un jour le présentateur de *Sagas* ? »

SEPTEMBRE 2002 (2)

Permettez, cher Stéphane Bern, que j'évoque votre prestation dans l'émission de France 3 où vous retrouvez vos anciens camarades de classe...

Hier, il a retrouvé un copain. Enfin, copain c'est beaucoup dire : un prénommé Thierry, dont on sentait que Stéphane avait été le souffre-douleur. Thierry était un sportif et, évidemment, Stéphane a reconnu que pendant toute sa scolarité il n'a jamais assisté au moindre cours de gym. Et le Thierry de rigoler grassement en ajoutant : « Quand on jouait au foot, quand il voyait le ballon arriver vers lui, il s'en allait ! Ah, ah, ah ! le con ! Qu'est-ce que tu nous as fait marrer ! »

Il y avait aussi une fille que Stéphane n'avait pas reconnue dans le public. Elle est venue dire qu'il était extrêmement timide à l'époque, et que jamais il n'a eu le moindre geste déplacé à son égard.

Ensuite, un deuxième est venu dire : « À l'époque, Stéphane Bern était gros et portait des lunettes à triple foyer, ah, ah, ah !... » Je vous laisse imaginer la tête de Stéphane... Pour donner le change, il a dit : « Oui, en apparence, j'étais le gentil garçon timide, mais en réalité j'étais un vrai rebelle !... » « Ah ! bon ? », a dit Isabelle Giordano, soudain intéressée. « Oui, chez moi, je montais dans ma chambre et je mettais ma musique de jeune à fond, ce qui rendait fous mes parents ! — Ah ! bon ? C'était quoi comme musique ? Du hard rock ? Iron Maiden ? — Non, non, Dalida. Et mon père criait : "Baisse un peu le son, on en a marre d'entendre la vieille !" »

FALLAIT Y PENSER

JANVIER 2002

J'ai regardé sur France 2 une émission intitulée *Fallait y penser*. C'est vrai que faire une chose pareille, fallait vraiment y penser. Je vous explique. C'est une émission où des inventeurs viennent montrer leurs trouvailles, donc des trucs qui n'ont intéressé aucun investisseur. C'est Lopez qui présente, et il est entouré de chroniqueurs, parmi lesquels Églantine, l'ancienne miss Météo de Canal, qui la veille était souffrante. Frédéric Lopez a rendu hommage à son courage : faire une émission en pleine crise de gastro-entérite... D'ailleurs à un moment elle est partie, il l'a excusée...

Sinon, comme chroniqueurs, il y avait Pierre Bonte – lui ne souffrait pas de gastro, mais il était chiant quand même – et un autre type qui ressemble à Rahan avec de longs cheveux. Et, comme invités, Philippe Bouvard et Alexandre Jardin.

Alors, première invention – je ne suis pas concerné, mais je vous raconte par conscience professionnelle –, un type affirmait faire perdre 5 centimètres de tour de taille en une demi-heure à une dame enveloppée. Une assistante vient avec un mètre de couturière prendre le tour de taille de la dame – déjà c'est humiliant –, elle annonce « 115, 5 », mais en plus elle trace plein de repères au feutre sur la peau de l'autre et lui colle des espèces de grosses électrodes du style Sport-Élec de Lova Moor ! Une demi-heure après, on mesure de nouveau le ventre de la dame, elle avait effectivement perdu 5 centimètres. Le truc, c'est que l'infirmière, lorsqu'elle reprend la taille, enfonce le mètre de couturière dans la chair de l'autre – ça faisait deux collines de chaque côté –, et sans se dégonfler elle annonce : « Et voilà !... » Puis elle refait un trait de feutre ! L'autre, elle avait la marque rouge du mètre, plus des traits de feutre partout, et elle est repartie contente !

Ensuite, « le pneu qui devient fluo quand il s'use ». C'est-à-dire que le type pense que les gens vont acheter des pneus qui vont immédiatement les faire repérer par les flics !…

Et puis on a eu droit à un grand moment avec « les boules relaxantes ». Ah ! Stéphane, je vois que soudain votre intérêt s'éveille, alors que depuis le début de cette chronique votre esprit vagabondait. Vous repensiez sans doute à votre dîner d'hier soir chez Michel de Grèce où, m'avez-vous dit ce matin, vous avez très bien dîné – oui, il aime bien parce qu'à l'apéritif Michel de Grèce sert des olives farcies avec des petits trucs rouges dedans !… Mais revenons aux boules relaxantes. Le chroniqueur expliquait que ces boules faisaient travailler des petits muscles qu'on n'a pas l'habitude de faire travailler. En fait, il s'agit de gros ballons de 1 mètre de diamètre, sur lesquels on s'assied pour se relaxer. Le problème, c'est qu'il faut trouver l'équilibre sur les boules. En fait, pour jouer avec les grosses boules, il faut être un phoque. D'ailleurs, le chroniqueur a cru bon de préciser : « Pour vous relaxer sur la boule, il faut serrer les fesses. » Philippe Bouvard, lui, a eu du mal à monter sur son gros ballon vert. Ensuite, il ne s'est pas tellement relaxé, vu que le ballon a roulé et qu'il s'est cassé la gueule… Ça n'a pas empêché l'animateur de demander à tous les participants de monter sur une boule – sauf Églantine, qui était partie refaire le mouchetis… Sinon, tout le monde était là sur son ballon. Et le chroniqueur a conclu : « En Amérique, ces boules font un malheur, par exemple à San Francisco, tout le monde pratique les boules relaxantes ! »

Autre invention, les demi-pamplemousses relaxants que vous jetez au mur. Ça fait ventouse et ensuite vous vous frottez le dos dessus – un peu comme les vaches contre les arbres. Et le type annonce, sans rire, que ça permet un massage efficace du dos. Là, le chemin de croix de Bouvard s'est poursuivi : ils avaient collé la ventouse trop haut pour lui, il était obligé de sauter pour se masser le dos !...

Puis Pierre Bonte nous a présenté une invention tout aussi inutile, une bouée avec de l'eau chaude que vous vous mettez autour du cou et ça vous relaxe. Ça s'appelle un col chauffant antistress – oui, toutes les inventions étaient antistress, il n'y a que l'émission qui était stressante !

Enfin, il y eut un grand moment : certains inventeurs timides n'osent pas venir dans l'émission, alors ils ont embauché le roi des camelots qui vient faire l'article. Là, le roi des camelots nous montre une brouette démontable – déjà l'invention intéressante, quand je pense que je suis à côté de Marie-France Pisier, une actrice culte que je rêve de rencontrer depuis des années, dont je suis secrètement amoureux depuis *L'Amour en fuite* de Truffaut et que je lui parle de brouette démontable !... Alors que j'aurais voulu vous dire : « Vous êtes belle, Marie-France, belle et inaccessible, sensuelle et distante, vous êtes la plage sur laquelle tous les hommes voudraient échouer l'esquif de leurs misérables vies ballottées au gré des tempêtes... » –, toujours est-il que le camelot a merdé et qu'il a cassé la brouette démontable ! J'imaginais la tête de l'inventeur devant sa télé, qui jouait sa vie, et l'autre qui lui explose sa brouette !

MARS 2002

Comme il n'y avait plus de foot, j'ai regardé *Fallait y penser*, l'émission consacrée aux inventeurs dont personne n'a voulu des inventions tant elle sont nazes. Hier, les invités étaient notre copine Sophie Garel et Yves Lecoq.

L'émission a commencé très fort : la première invention était l'attrapeur de mouches. Il s'agit d'une imitation de pot de fleurs en plastique, dans lequel ils ont mis une fausse fleur orange genre plante carnivore. Déjà c'est hideux, mais c'est censé attraper les mouches en se refermant ! Donc, évidemment, chaque chroniqueur et chaque invité avait son pot devant lui, et chacun essayait l'invention. Pour ce faire, ils avaient tous une mouche crevée plantée sur un cure-dent, qu'ils descendaient dans la fausse fleur, cette dernière devant se refermer dessus. Bon, la fleur s'est refermée trop tôt et a coincé le doigt d'un chroniqueur, pour les autres ça ne marchait pas… Au point qu'ils ont envoyé un film de démonstration, dans lequel on nous expliquait qu'à l'intérieur de la fleur il y avait des petits capteurs qui devaient détecter la mouche !

La chroniqueuse qui faisait la démonstration explique que c'est sélectif, que ça n'attire que les mouches et pas les autres insectes, car l'inventeur a passé des années de recherches à étudier le mouvement des mouches et que la fleur est réglée exactement sur le mouvement de celles-ci. Et là, elle a un moment de relâchement en donnant son explication, et paf ! la fleur lui attrape le doigt ! Et le présentateur : « C'est très efficace et très technologique, car au début c'était juste une tapette ! Le plus difficile pour l'inventeur, c'était que la tapette soit assez rapide pour attraper la mouche, mais suffisamment lente pour ne blesser personne ! » Et l'autre, avec son doigt en sang !... Sûr, il y est super bien arrivé !... Sur le film, on nous expliquait que chaque mouche attrapée était aplatie pendant vingt secondes, puis rejetée par l'appareil. On voyait la mouche morte éjectée et il y en avait une dizaine autour du pot...

Ensuite, on a vu la moto à une roue. Trois ans de travail, paraît-il, pour un type qui est à l'intérieur d'une énorme roue. Donc le truc totalement inutile ! En plus, on voyait le type se vautrer, la moto n'était pas pilotable... donc le public le huait !

Puis j'ai moins ri, car Lopez annonce : « Nous allons maintenant ouvrir le dossier de l'insécurité, un thème sérieux, angoissant même dans cette émission. Rappelons quelques chiffres : 4 millions de crimes et délits. Nous allons ce soir vous présenter des inventions pour réduire ce chiffre... » Là, on s'attendait au pire, et on a eu... le pire.

Ont défilé un certain nombres d'inventions toutes aussi nulles les unes que les autres. Ça a commencé par un énorme pistolet en plastique jaune, qui envoie deux harpons sur l'agresseur et ensuite, 50 000 volts... Déjà, tu te balades avec ce gros truc jaune ?...

Ils ont essayé sur un mannequin, on voyait les deux fils reliés envoyant prétendument du courant. Et là, le chroniqueur dit : « Ce qui est bien, c'est que vous pouvez partir en laissant l'appareil branché qui continue à envoyer du courant ! » Ça faisait « ccrrrcc... crrcc... ». Alors le présentateur : « Ah ! bon ? Mais on risque pas de tuer l'agresseur ? » C'est vrai, ça semblait impressionnant. Le chroniqueur répond : « Euh non... Ça stimule juste le muscle... » Ah bon ! En fait, c'était juste l'appareil Sport-Elec de Lova Moor ! En plus, les harpons ne rentrent pas dans la peau, ils s'accrochent aux vêtements et ensuite le type se muscle ! C'est-à-dire que vous body-buildez votre agresseur. Donc il vous remercie, et là vous pouvez partir en courant !...

Après, il y a eu l'appareil à gel urticant. Son avantage, c'est qu'il est plus précis que la bombe lacrymogène. Le chroniqueur : « Tiens, Sophie Garel, essayez sur notre mannequin ! Visez bien le visage, vous allez voir, il va devenir bleu dès que vous l'aurez touché ! » Elle appuie sur la gâchette. Tout le monde regarde le visage du mannequin : rien. En fait, la caméra recule, la trace était 1 mètre plus haut !... L'autre disait : « Tapez plus bas !... Comme ça !... Encore plus bas !... Comme ça... Encore un peu... Comme ça !... Voilà, regardez !... » Et là, l'agresseur est en fuite. Oui, mais avant qu'on arrive à le viser, il avait dix fois le temps de la tuer !

Ensuite, une chroniqueuse présente une invention destinée aux possesseurs d'alarme, afin qu'elle ne se mette pas en marche de façon intempestive lorsque les gens ont des animaux. Là, Sophie Garel dit : « Ah !

ben ça tombe bien, moi, dans ma maison de campagne, j'ai des loirs qui déclenchent les alarmes. » Et la chroniqueuse : « Ah ! ben ça tombe bien ! Pour pas que vos animaux déclenchent les alarmes, il faut leur mettre au cou ce collier réglé sur la fréquence de l'alarme et qui empêche de sonner à leur passage !... » J'imaginais Sophie aller accrocher ça au cou de ses loirs... Évidemment, c'était pour les chiens et les chats, c'est-à-dire que vous attrapez le chat avec son collier à l'extérieur et vous pouvez entrer dans la maison sans problème en le tenant dans vos bras !... Merci *Fallait y penser* !

Puis monsieur Marcel est venu sur le plateau. C'est un inventeur de systèmes d'autodéfense basés sur des explosifs, qui malgré leur qualité n'ont jamais été commercialisés. Bon, déjà, en voyant entrer le monsieur, comment vous dire... on aurait cru que son visage avait été dessiné par Picasso. Il avait une oreille à la place d'un œil... Bref, on comprenait qu'il avait connu des échecs lors de ses essais ! Donc sa première invention était une veste explosive, c'est-à-dire que si quelqu'un vous agresse ça explose. Donc Sophie agresse le chroniqueur : « Ah ! ça ne marche pas... » Le type : « C'est parce que vous serrez trop, Sophie... — Ah ! excusez-moi... comme ça... — Ah ! ben, ça ne marche toujours pas... Là, vous ne serrez pas assez !... » Bon, le chroniqueur finit par dire : « Normalement, quand on serre ça explose, vous voyez, c'est grâce à ces capteurs reliés à une batterie... » Et là, il montre la doublure de la veste, c'était plein de fils électriques scotchés au tissu, et dans sa poche il y avait un émetteur gros comme une encyclopédie ! « Oui, ça ne marche pas, c'est un prototype... » Là, le type enlève la veste, et ça n'arrêtait pas de sonner ! Ils ne savaient pas comment l'arrêter !

Enfin, on a eu droit à l'inventeur du « pipeau-carotte » : un type qui creuse des carottes et qui fait de la musique avec. Il a aussi fait une pomme de terre à deux becs qui permet de faire de la musique à deux et, nous a-t-il précisé : « C'est très romantique. » C'est vrai que de proposer à celle que vous aimez de souffler avec vous dans une patate, c'est le romantisme absolu !

Frédéric Lopez, qui depuis le début posait des questions pertinentes et cherchait quelque chose à dire... n'avait rien à dire ! C'était un « pipeau-carotte » et puis c'est tout !... Alors finalement on l'entend dire à l'inventeur : « Monsieur, j'ai une question à vous poser : est-ce que ça marche quand le légume est cuit ? »

Et pour finir, Stéphane – vous qui êtes le symbole de l'élégance et du savoir-vivre –, une invention qui va vous plaire : si vous êtes invité chez Otto de Habsbourg et qu'il pleut, pour ne pas salir le tapis du palais, une fois arrivé vous pouvez enlever la semelle de vos chaussures. Comme ça vous ne salissez pas par terre. Vous vous baladez en tenant à la main deux semelles pleines de boue pendant toute la soirée, mais vous ne salissez pas par terre !...

Il y a des moments comme ça où on se prend à regretter qu'un type n'ait pas pensé à inventer la télé qui explose quand les émissions sont trop nulles !

Hier, sur Canal, au début du match de foot PSG-Bordeaux, le commentateur donnait la composition des équipes.

Et il annonce une grande surprise : Lionel Leitizi le gardien parisien titulaire est absent pour blessure. Et le reporter, sans rire, nous explique la nature de cette blessure : Leitizi s'était fait une lombalgie en jouant... au scrabble !

Voilà un garçon qui passe son temps à s'entraîner physiquement comme un fou, à plonger dans tous les sens, qui parvient à faire ce qu'il veut de son corps, mais dès qu'il a un effort intellectuel même minime à réaliser, il se blesse, et hop, un claquage de neurone, ça descend le long de la moelle épinière, et hop : lombalgie.

Remarquez, c'est logique, on fait jouer au scrabble des footballeurs, des gens qui n'ont aucun entraînement intellectuel, il est inévitable qu'ils se blessent.

La blessure la plus courante est le claquage de synapse, c'est très impressionnant, le cerveau qui se met en boucle et ça donne Julien Lepers. Certains sont fragiles des ligaments du genou, le point faible des footballeurs ce sont les ligaments du cerveau. Imaginez la tête de l'employé de la Sécu au moment où il lit : Motif de l'arrêt de travail : « s'est fait une lombalgie en jouant au scrabble ».

FUREUR DE STAR ACADEMY (LA)

AVRIL 2002

La Fureur, avec les nazes de *Star Academy*, présentée par Nikos le Grec. Là, il y a un problème. Nikos, c'est l'erreur de casting, ce type-là est calme, il a une voix sourde, il est lymphatique – et on lui fait présenter ça ! En plus, ils lui ont fait faire une entrée chorégraphique entre deux danseuses… On aurait cru *Terminator* aux Bains-Douches ! Pour finir cette danse surréaliste, il a dit : « Ce soir, on va vous mettre le feu ! » et il a fait trois tours sur lui-même comme il a vu le faire les chanteurs de rock. Seulement, comme il est pas habitué, quand il a eu fini ses trois tours, il a titubé… Là, c'était pas rock du tout. Pour donner le change, il a essayé de parler jeune, mais évidemment ça le fait pas : pour dire : « Jenifer de la *Star Academy* », Nikos dit : « Jeny de la *Starac…* »

Comme tout ce que produit Arthur, c'est une escroquerie, à savoir qu'il y a un orchestre de bal, le Case Band, qui joue, mais surtout dans lequel chantent quatre choristes. Et ce sont leurs voix qu'on entend, parce que les autres chantent faux à un point inimaginable. Pour les filles, il y avait Jenifer, Karine, Jessica, et chez les garçons, Jean-Pascal – celui qui pète –, François – celui qui a la coupe de cheveux de Desireless et un clavier IBM sur la figure –, et Mario – l'escroc belge. Il y avait un problème auquel ils n'avaient pas pensé : le principe du karaoké, c'est de chanter en lisant des sous-titres. Là, déjà, lire tout seul ils ont du mal, il leur faut du temps, mais lire et chanter en même temps, ça faisait des courts-circuits, c'était terrible !

Juste après *La Fureur*, j'ai vu une publicité surréaliste où l'on voit une scène de séparation assez pénible : une femme s'en va. Sans un mot, elle fait sa valise devant son mari qui tient leur bébé dans les bras. Elle donne les dernières consignes et, avec sa valise, elle va s'enfermer dans les cabinets. Et puis sur l'écran s'inscrit le nom d'un produit contre la constipation.

C'était une erreur stratégique de diffuser ce spot après *La Fureur*. Car après les émissions d'Arthur on n'a absolument pas besoin de ces médicaments, on vient de se faire chier pendant deux heures !

HEBDOS TÉLÉ

AVRIL 2002

Comme cette émission est enregistrée sous prétexte que Stéphane Bern avait envie d'aller passer une semaine dans une île grecque, vous pensez bien que je suis incapable de vous raconter quoi que ce soit sur la télé d'hier. J'ai donc décidé de faire un petit tour de la presse télévisée. Et j'ai fait une découverte : la presse télévisée est exactement du même niveau que la télévision !

Les magazines télé, personne ne les lit, mais ça se vend à des millions d'exemplaires. Exactement comme la télé. Quand vous demandez à quelqu'un ce qu'il a regardé la veille, il répond invariablement : « Ah ! ben, en ce moment je relis tout Proust », alors qu'il a regardé dans *Y a pas photo* le reportage sur Pépito, le petit Péruvien aux deux quéquettes.

Moi, bizarrement, ça me déprime, les magazines télé. Je ne sais pas pourquoi, lorsque j'arrive chez quelqu'un et que je vois au milieu du salon une table basse rustique de chez Conforama, sur laquelle traînent un magazine télé et une télécommande, j'ai aussitôt envie de pleurer…

Commençons par *Télé Z*. C'est le moins cher : 0,35 euro. En couverture, une vieille photo de Céline Dion. Ensuite une BD sur une page… comment vous dire… vous voyez le dessin de Faizant dans le Figaro ? Eh bien, c'est pire ! Ensuite, une interview de Drucker qui explique qu'il a découvert Céline Dion – Drucker a découvert tout le monde. Et une page de blagues, « Rire en chaînes ». Voici la plus drôle, attention accrochez-vous, et bonne chance. Allez, c'est parti : « Un petit monsieur monte dans un autobus et, sans le vouloir, marche sur le pied d'un autre qui s'exclame : "Abruti !" Alors le petit monsieur soulève son chapeau et dit : "Enchanté, moi c'est Dupont !" » Bon, monsieur le rédacteur en chef de *Télé Z*, vous pouvez économiser deux pages !

Dans *Télé Loisirs*, un dossier : « Mincissez là où vous voulez. » Donc j'ai regardé, ayant justement un léger amincissement localisé à effectuer, si on disait quelque chose qui pourrait résoudre mon problème. Il était écrit, je cite : « Une prise de poids abdominale intervient souvent entre le quatorzième et le vingt et unième jour du cycle. Cet excédent disparaît ensuite le plus souvent de lui même. » Alors il faut que je compte les jours, mais je suis quand même soulagé !

Toujours dans *Télé Loisirs*, une interview très intéressante de Jenifer, la gagnante de *Star Academy*. On apprend que c'est la guerre avec les autres concurrents du jeu qui sont jaloux, qu'elle aime les frites, mais qu'elle fait attention à pas prendre du ventre… Oui, mais là, il faut que quelqu'un lui dise que, si cette prise de poids abdominale est intervenue entre ses quatorzième et vingt et unième jours du cycle, cet excédent disparaîtra ensuite de lui-même ! Ne t'inquiète pas Jeny – oui, on la surnomme « génie », c'est le diminutif de Jenifer, c'est sûrement pas rapport à son QI ! Jenifer nous apprend aussi qu'elle aime son tonton Jean-Luc, qu'elle déteste le racisme, l'hypocrisie, les poils de chattes, les rats, la monotonie et la politique – et là, son impresario lui a fait rajouter entre parenthèses : « Mais j'irai voter cette année. » Ben voyons !

Télé Loisirs nous annonce aussi sur France 3 le retour des monstres préhistoriques en 3D. J'ai cru qu'ils reprenaient *La Cuisine des mousquetaires* avec Maïté !

Sans aucun rapport, on nous annonce que Catherine Deneuve fait sa première télé. Elle incarnera pour TF1 madame de Merteuil, l'héroïne des *Liaisons dangereuses*. Une adaptation libre dans laquelle Valmont écrit : « Chère amie, je vous ai trouvée boudinée ces derniers temps, ainsi que le faisait remarquer Stéphane Bern dans tout Paris… »

Télé 7 jours annonce en couverture : « Le meilleur magazine télé. » Bon, ça doit être eux qui se sont autoproclamés… Une couverture sur laquelle on voit Lesly du *Loft* dans un ensemble jean avec minishort et bottines en serpent à talons aiguilles… À l'intérieur, on trouve le courrier des lecteurs, avec notamment cette lettre de monsieur Delanoy, du Pas-de-Calais : « Je croyais devenir dur d'oreille en raison de l'âge, mais mes amis m'ont rassuré, eux aussi ont de plus en plus de mal à comprendre les dialogues dits par les comédiens français, qui bafouillent et avalent la moitié des mots, notamment Catherine Deneuve. » Réponse de *Télé 7 jours* : « Cher lecteur, nous ne partageons pas votre point de vue sur l'élocution de Catherine Deneuve, pas plus que celui de Stéphane Bern qui la trouve boudinée… »

Une deuxième lettre, de madame Lucette Morel : « J'ai regardé avec plaisir sur TF1 les 25 ans des *Grosses Têtes* qui n'ont pas pris une ride ! Une émission où l'on voyait les cuisses de Stéphane Bern, ainsi que son string rose bonbon que laissait apparaître son peignoir entrouvert… Sim et Francis Perrin ont été impayables ! Voilà des champions de la franche rigolade qui nous font oublier nos soucis ! Philippe Bouvard est toujours aussi jeune et a toujours autant de talent. Un regret, toutefois, l'absence de Guy Montagné. » Eh bien, je vais vous dire, je suis sûr que dans le salon de madame Lucette Morel on peut voir une table rustique recouverte d'un napperon, sur lequel on aperçoit une télécommande et *Télé 7 jours*…

À part ça, de nouveau dans *Télé Loisirs*, deux pages sur Dalida. Mais ce que je vous recommande c'est la grande photo de son frère Orlando, prise chez lui, dans son salon. On avait vu dans *Sagas* qu'Orlando avait un goût de chiotte, mais là, avec la photo, on a bien le temps de voir les coussins de satin blanc brodés, les pompons accrochés aux bougeoirs, les objets égyptiens côtoyant les bibelots chinois en verre bleu qu'on trouve à 10 euros dans les magasins asiatiques...

Télé Loisirs qui nous rappelle aussi les perles du *Loft* et, notamment, cette phrase de David qui m'avait échappé, le jour où Thomas a fait son *coming out*: « Maintenant que tes parents sont au courant pour ton homosexualité, tu les emmerdes avec un grand A ! »

À signaler dans *Télé-Poche*, des fiches pratiques détachables. C'est bien, les fiches détachables, ça permet d'avoir toujours sous la main des choses indispensables. Cette semaine, la fiche détachable concerne la musaraigne cendrée. Et là, je dis que ça valait le coup de faire une fiche détachable qui nous permettra en permanence de nous souvenir que la musaraigne cendrée se nourrit de vers de terre et d'escargots, qu'elle mesure environ 10 centimètres et qu'elle affectionne les forêts humides où elle vit à même le sol. Là, j'ai pas compris pourquoi cette précision. Peut-être que certaines musaraignes vivent en lévitation ?... La musaraigne argentée vit-elle à 25 centimètres du sol sur un coussin d'air qu'elle crée en pétant ?... Bon, sérieusement, des enfants nous écoutent, sachez que, sur le plan de la reproduction, la femelle met bas à la fin du printemps plusieurs portées. Exactement comme Denise Fabre, dont les jumelles sont nées en juin !

J'avais prévu de dire du mal de *Télérama*, mais ils ont fait un article sur moi, j'y ai donc renoncé. Oui, je suis comme tout le monde, je fais des compromissions. J'ai même fait – j'ose à peine vous le dire –, j'ai même fait *Les Grosses Têtes*... avec Jacques Balutin, et Carlos qui a essayé de me talquer – j'ai refusé, y a des limites, quand même !... Non, sérieusement, je tiens à souligner le fair-play de Philippe Bouvard que j'allume méchamment dans mon bouquin et qui m'a gentiment accueilli à RTL. J'ai vu leur public, je les ai vus heureux aux blagues de Balutin et, ce jour-là, j'ai appris le goût des autres...

SPRINGER SHOW

MARS 2002

Sur la chaîne AB, le *Jerry Springer Show* ressemble à ce qu'aurait pu être *C'est mon choix* s'ils avaient gardé la ligne éditoriale du début : de pauvres gens, prêts à tout pour passer à la télé, viennent y parler de leurs malheurs. Pour vous donner une idée de l'ignominie de cette émission, il y a quelques mois, Jerry Springer avait fait venir un garçon homo qui voulait avouer en direct à son meilleur ami, hétéro, qu'il était amoureux de lui. L'autre, qu'on avait fait venir sous un autre prétexte – on lui avait dit que c'était un sujet sur les collectionneurs de Harley Davidson –, se pointe et voit son copain : « Tiens, salut ! — Salut, je suis gay et je t'aime. » Son copain a quitté le plateau et il est allé se tirer une balle dans la tête. Ce qui laisse rêveur sur l'état de la société américaine.

Hier, l'émission avait pour thème : « Je suis enceinte et trahie. » Le public chauffé à blanc hurlait : « Jerry ! Jerry ! Jerry ! » Un type qui ressemble à Cohn-Bendit – mais qui est juste un con et un bandit – fait son entrée sous les vivats. Arrive une pauvre fille enceinte de huit mois et dont le mari la trompait. L'équipe de l'émission avait repéré le motel où avaient lieu les ébats du couple adultère : on voit un reportage dans lequel l'épouse bafouée frappe à la porte de la chambre du motel. Le mari adultère lui ouvre à poil, la maîtresse s'enfuit et la pauvre fille enceinte casse tout dans la chambre, puis dit à son mari : « Je suis enceinte de huit mois. Qu'est-ce que je vais dire à cet enfant ? » Ensuite, retour plateau : Jerry Springer reçoit l'épouse et la maîtresse – une caricature, tatouée, avec un piercing dans le nez. Les deux filles commencent par s'insulter, puis se lèvent et se jettent l'une sur l'autre. Ensuite, entrée du mari qui se fait insulter par le public. Dès que la maîtresse prenait la parole, le public scandait : « Salope ! Salope ! Salope ! » Mais chaque gros mot était bipé, alors que les gros mots sont de loin ce qu'il y a de moins vulgaire dans l'émission.

Enfin, en point d'orgue, le moment où Springer a donné la parole au public. Les trois, sur la scène, se sont fait tour à tour insulter. La maîtresse s'est fait traiter de pute, une grosse dame noire a traité le mari – je cite – de « p'tite bite », et l'épouse bafouée de pleurnicheuse. Mais les trois sur la scène ont répondu. Le monsieur a rétorqué : « P'tite bite toi-même ! » à la dame noire ! Le ton est monté et ça s'est terminé en pugilat !

JO DE SALT LAKE CITY

FÉVRIER 2002

À Salt Lake City, s'est déroulé ce week-end un drame épouvantable, dont on a vu des images terribles à la télévision. Figurez-vous que le prince Albert s'est mis à l'envers.

Vous allez me dire : « Comme d'habitude ! » Mais non, je veux dire qu'il s'est mis à l'envers avec son bobsleigh ! Je ne sais pas si vous connaissez le film *Rasta Rockett*, dans lequel on voit des Jamaïcains qui n'ont jamais vu la neige essayer de faire du bobsleigh et finir à pied. Eh bien, le prince Albert a fini comme les Jamaïcains. Comme dirait Bruno Masure, il a terminé à pinces, Monseigneur !

Certes, je ricane sur la présence du prince Albert aux JO, mais on a un petit peu tendance à oublier tous les efforts auxquels il a dû consentir pour être physiquement au top lors de ces jeux. Pour en arriver là, il y a des heures d'entraînement ! D'ailleurs, on voit souvent des photos d'Albert qui s'entraîne. Pas dans *L'Équipe*, mais dans *Paris Match* où, semaine après semaine, on peut suivre son entraînement. Albert de Monaco, c'est le seul sportif qui va préparer les épreuves sur glace des jeux d'hiver aux Antilles ! C'est impressionnant ! Voilà un type qui s'entraîne pendant des heures à bronzer sur une plage de Saint-Barth' avec trois putes – c'est des entraîneuses !

Évidemment, je plaisante. Il s'entraîne aussi à la neige. À Saint-Moritz, on peut le voir s'entraîner des nuits entières chez Régine, avec trois putes. Oui, c'est une constante : sur les photos, où qu'il soit, le prince Albert est toujours accompagné de trois entraîneuses. Il ne fait pas les choses à moitié.

Enfin… maintenant il peut toujours s'entraîner pour les épreuves de yachting des JO d'été, ou pour la Formule 1. Oui, parce qu'il est éclectique, Albert. Il aime autant les bateaux que les voitures de courses. En fait, il est à voile et à vapeur !

JOURNAUX TÉLÉVISÉS

JANVIER 2002

La phrase la plus con de ces derniers jours est de Jean-Pierre Chevènement. À la question de Claire Chazal, sur le peu de chances que les sondages lui donnaient d'être présent au second tour, il s'est exclamé : « Mais vous savez très bien que les sondages se trompent. Et je ne suis pas le seul à penser ça puisque, selon la Sofrès, 36 % des Français ne croient pas aux sondages ! »

FÉVRIER 2002

Au JT de samedi, j'ai vu un sujet sur Amandine, le premier bébé éprouvette. Elle a 20 ans et, chose incroyable, je ne sais pas si vous avez vu : c'est le sosie de Mazarine ! Là, on se dit, non, c'est pas vrai, c'est pas possible ! C'est pas Tonton !… Déjà qu'il s'est tapé toutes les attachées de presse, toutes les attachées d'ambassade, toutes les attachées de direction et toutes les attachées à son lit… En plus, si ça se trouve, il allait faire des dons à la banque du sperme ! Mais, à la réflexion, je me suis dit que ça devait pas être lui le père d'Amandine, car de même qu'il avait demandé qu'à ses obsèques la mère de Mazarine soit présente, s'il avait été le père d'Amandine, on aurait vu un aide de camp tenant un coussin avec dessus l'éprouvette et un vieux numéro de *Playboy* aux pages collées par les frères et sœurs d'Amandine… Donc…

MARS 2002

Au journal de PPDA, j'ai vu un reportage terrifiant, une manifestation sociale à Monaco. Un défilé dans les rues de la principauté avec banderoles ! C'était le personnel de la Société des bains de mer, des hôtels de luxe et des banques monégasques qui défilaient… Remarquez, les travailleurs monégasques, on n'est pas franchement inquiets, vu qu'ils manifestent tous en Dormeuil ! Il n'empêche qu'ils scandaient des slogans. On a notamment entendu : « Patrons, pas gentils ! » Ou bien : « Nous voulons un dix-huitième mois ! » Malheureusement, comme dans toutes les manifestations, il y a eu des incidents à la fin. Un élément incontrôlé qui a crié : « Merde à la Société des bains de mer. » Bon, là, évidemment, les CRS ont chargé…

KOH-LANTA

SEPTEMBRE 2001

Par association d'idées, les candidats virés de *Koh-Lanta*, ça me fait penser à Miller qui ne s'est pas rendu compte qu'il était viré de chez Drucker ! Enfin, pour pas lui refiler d'indemnités, Drucker lui a donné une chronique enregistrée, que Miller lit en déchiffrant un prompteur. C'est nul parce que, le talent de Gérard Miller, c'est un talent d'orateur. Là, à lire son truc, au moins on n'a plus droit à la révolution culturelle du dimanche soir…

Bon, j'avais promis de vous parler de *Koh-Lanta*, j'attendais les cassettes, je m'apprêtais à me lancer dans une diatribe façon *Loft*, mais il n'y a pas de quoi s'affoler ! *Koh-Lanta*, c'est complètement bidonné… Au départ, contrairement à ce qu'annonce TF1, *Koh-Lanta* n'est absolument pas une île inconnue et inhospitalière, c'est une destination touristique que toutes les agences de voyages incluent dans leurs circuits en Thaïlande !

L'émission a été tournée il y a un an, ça a été monté et remonté, ils ont même fait des raccords en studio – on voit que le sable a été apporté, c'est tout juste si, sur le palmier, il n'y a pas écrit : « Propriété de la SFP » ! Et surtout, on a appris ça dimanche chez Daniel Schneiderman, sur l'île il y a toute l'équipe technique qui vit à quelques mètres des soi-disant naufragés. C'est-à-dire 70 personnes avec des mobile homes et tout le matos ! C'est tout juste s'ils n'ont pas aménagé un aérodrome !…

En fait, *Koh-Lanta*, c'est *Fort Boyard*, mais sans le fort avec la tour où tout en haut Georges Moustaki pose des énigmes. Là, c'est Hubert Auriol qui fait le père Fouras, il est nul, il récite péniblement un texte appris par cœur, on dirait un présentateur de *La Tête et les jambes* dans les années 1950 ! C'est bien simple, c'est pas Hubert Auriol, c'est Vincent Auriol ! En plus, ça a été monté par le même type que les émissions de Laurent Ruquier... Par exemple, lors d'une épreuve, on voit un archer tirer une flèche aux ailettes bleues : la flèche arrive dans la cible, les ailettes sont rouges !

Autre exemple : à un moment les candidats devaient trouver de l'eau, alors ils faisaient semblant d'avoir soif. La voix *off* dramatisait : « Trouveront-ils de l'eau ?... » Bon, déjà on sait bien qu'ils vont pas mourir de soif... Vous imaginez les journaux ? « Deux candidats d'un jeu à la con meurent de soif ! » En plus, il ne peut rien leur arriver : TF1 risque un procès pour la moindre écorchure, vous pensez bien qu'ils les chouchoutent ! Quand on les voit marcher dans l'île, il y a toujours une équipe qui les suit, trois personnes : un caméraman, un perchiste et un journaliste, plus une autre équipe... Là, le jour où ils devaient trouver de l'eau, on les voit qui souffrent... Aaaarg... Et ils ont marché comme ça pendant deux jours dans la forêt ! Mais, pendant ce temps-là, vous imaginez bien que les équipes techniques, elles, elles mangent, elles boivent, elles font des pauses syndicales ! En plus, les types ont droit à leur RTT, donc à chaque fois qu'ils s'arrêtent les candidats doivent s'arrêter aussi... Vous imaginez les techniciens qui disent : « Stop ! C'est l'heure de la pause » et qui se mettent à sortir des boissons fraîches et à se goinfrer de Sundaes fraise devant les candidats ! Évidemment que non : ils bouffent et boivent tous ensemble, et ils discutent le coup... « T'as vu, j'étais bien quand j'ai fait arhhh... à boire ! » Et l'autre : « Euh, oui Coco, mais t'étais en contre-jour, on refera un plan après la pause, tu veux du tarama ? »

L'autre jour, la voix *off* nous donne une information qui *a priori* nous semble totalement intéressante : « Romain est celui qui consacre le plus de temps à l'hygiène de son corps. » Il faut savoir que Romain est un Black avec un corps d'athlète, et notamment des petites fesses musclées... Là, c'est ahurissant, on voit Romain se laver les fesses pendant trois minutes, et que j'te savonne, et que j'te rince, avec des gros plans !... En plus, il s'est lavé que ça, après il est parti. Alors sur le plan de l'hygiène, bonjour !...

LEPERS JULIEN

SEPTEMBRE 2001

Première leperserie de la saison, faisons un vœu. Ben oui, ça porte chance une leperserie, c'est comme si on marchait dans du caca !

Hier, notre ami Julien commence à poser la question suivante : « En 41 de notre ère... » Et là, il nous fait une sortie de fiche ! Ben oui, mais qu'est-ce que vous voulez, il était sûr de lui, il se disait : « Bon ben tiens, j' fais juste un p'tit hors fiche pour montrer ma culture... » Et il enchaîne : « En 41 de notre ère, c'est-à-dire en 1941, quel empereur Romain succède à Caligula ? » J'ai cru qu'il allait donner Mussolini comme réponse, mais non !

OCTOBRE 2001

Pour nous changer les idées et revenir à l'innocence de l'enfance, voici une leperserie qui s'intitule : « Julien fait du social ». En effet, hier, Julien Lepers a décidé d'aider un chômeur. L'un des candidats de *Questions pour un champion* étant sans emploi, Julien s'est lancé dans un de ces discours dont il a le secret, exaltant l'aspect social du service public, et finissant par dire : « C'est le rôle de France 3 d'aider les démunis et nous allons lancer un appel afin que vous ne soyez plus sans emploi. Si vous pouvez faire quelque chose, écrivez-nous à *Questions pour un champion*, nous ferons suivre. » Même un CDD ! C'est tout juste s'il ne mendiait pas un TUC !... Il a fini par demander au candidat, avec compassion : « Vous avez travaillé dans quelle branche ? » Et le type répond : « Dans la haute finance, je suis spécialiste d'acquisitions et de fusions d'entreprises. » Julien, décontenancé : « Ah... Et... vous avez des diplômes ? » Le type : « J'ai fait HEC. » Julien, sans se dégonfler : « Eh bien, si quelqu'un nous écoute et qu'il recherche un spécialiste d'acquisitions et de fusions d'entreprises, qu'il nous contacte ! »

DÉCEMBRE 2001

Hier, Julien recevait un candidat rouennais, à qui il s'adressait tout en lisant sa fiche. Ça a donné ça : « Vous habitez Rouen, Seine-Maritime. » Puis, cessant de lire sa fiche : « Dans le département de... ? » Le candidat : « Ben... de Seine-Maritime... » Là, on voit que Julien se rend compte de sa bévue, et cette prise de conscience le préoccupe. Mais l'émission doit continuer, *the show must go on*... Seulement la masse cérébrale de Julien ne lui permet pas de faire deux choses à la fois. Du coup, troublé, il enchaîne : « Bon, alors, à propos de Rouen, voici un questionnaire sur le Maroc... »

Il y a des moments où l'on se demande si Julien Lepers ne vient pas d'une autre galaxie !

JANVIER 2002 (1)

Commençons cette première chronique télé de l'année par le cadeau de nouvel an de Julien Lepers, dont on pressent que 2002 sera un grand cru pour les leperseries. Déjà, rien qu'en nous présentant ses vœux, on sentait qu'on allait avoir droit à du grand Lepers. Prenant un ton solennel, il a déclaré : « Je souhaite que, dans ce monde tourmenté, *Questions pour un champion* soit un phare qui vous guide au milieu des tempêtes. » Je ne sais pas si son émission est un phare, ce qui est sûr c'est que Julien n'est pas une lumière !

Voici donc la première leperserie de l'année – vous allez voir qu'il ne s'est pas moqué de nous. À la question : « Quel est l'animal du désert qui ne porte qu'une seule bosse ? », le candidat répond : « Le chameau. » Julien le reprend en lisant sa fiche : « Eh non, c'est le dromadaire ! » Puis il enchaîne, toujours en lisant sa fiche : « D'ailleurs il existe un moyen mnémotechnique de s'en souvenir : cha-meau, deux syllabes = deux bosses. » Et là, on le voit sourire de bonheur à ce petit truc tout simple. Du coup, il s'enthousiasme et, abandonnant la lecture de sa fiche, il enchaîne : « Ah ! oui, c'est pas mal ça, chameau, deux syllabes = deux bosses, dromadaire, trois syllabes… » Là, il était trop tard pour freiner et il a conclu – je vous jure que c'est vrai : « Dromadaire, trois syllabes = trois bosses ! »

Je voudrais remercier Julien Lepers, qui samedi nous a offert d'entrée sa leperserie, nous évitant ainsi de regarder la totalité de *Questions pour un champion*. Donc Julien arrive, toujours en saluant son public comme s'il entrait à Bercy – sauf que là il y a au maximum trois techniciens plus les familles des candidats ! Et ça a donné ça : « Un immense bonsoir ! *Questions pour un champion*, tout le monde – oui, là, il avait décidé de se passer de verbes, de conjonctions de coordination et de toutes ces choses qui compliquent inutilement la grammaire –, bonsoir, *Questions pour un champion*, tout le monde, la cagnotte 13 600 euros ! » Là, il avait tout dit. Mais tels ces enfants qui tirent leur maman par la manche pour attirer leur attention : « Maman, maman, regarde ! », Julien nous tire par la manche, il veut juste que la caméra reste un peu sur lui, et il enchaîne : « Où que vous soyez, au Maroc – là, la citation du royaume chérifien en premier reste un mystère, d'aucuns prétendent que Julien Lepers avait consommé un couscous à midi et voulait rendre hommage à la qualité de la semoule –… Où que vous soyez au Maroc, en France – oui, là il s'est dit : « Tiens après le Maroc, je vais citer la France », du coup ça lui remet le cerveau en Europe et il enchaîne –… en Angleterre, en Allemagne… – là il cherche un peu, et le premier pays qui lui vient c'est l'Éthiopie –… Où que vous soyez, au Maroc, en France, en Angleterre, en Allemagne, en Éthiopie… » Et là, j'avoue que cette idée des petits Éthiopiens regardant des institutrices en retraite répondre aux questions de Julien Lepers est une image de la Corne de l'Afrique à laquelle on pense trop peu…

Du coup, il s'enhardit : «... en Éthiopie ou en Afrique noire, en Afrique noire ou en Afrique... » Et là, évidemment, il est planté ! Il a failli dire Afrique blanche mais, dans un effort terrible, il parvient à ne pas sortir la connerie et reste, tétanisé, récupérant avant que de chercher à dire autre chose... Là, il n'y avait plus que le silence, un silence interminable... À ce stade, je pense qu'un petit rappel de la totalité de la phrase s'impose : « Un immense bonsoir, *Questions pour un champion*, tout le monde, la cagnotte 13 600 euros, où que vous soyez, au Maroc, en France, en Angleterre, en Allemagne, en Afrique noire ou en Afrique... » Et là, après l'interminable silence, son visage s'éclaire : « ... en Afrique noire ou en Afrique du Sud – du coup ça le débloque et il continue –... en Extrême-Orient... » C'était plus Julien Lepers, c'étaient les aventures de Tintin ! Lepers au Congo, Lepers au Tibet... Et il termine en disant : « ... et en Nouvelle-Calédonie Marie-Hélène est formidable. » Oui, ça s'appelle « fin Julien Lepers » : il boucle sa phrase avec le prénom d'une candidate, comme une espèce de blanchiment de connerie, car du coup on oublie tout le reste et il ne reste que : « Marie-Hélène est formidable. »

FÉVRIER 2002

Une candidate prénommée Laurence a été pire que Julien Lepers. Il lui demande de dire brièvement d'où elle vient. Elle répond : « Aix-en-Provence. » Et là, l'erreur, il dit : « Ah ! le cours Mirabeau !... Bon allez, on joue... ». Manque de pot, la candidate l'avait entendu au début de l'émission dire son « bonsoir » interminable, et elle a décidé de faire la visite guidée d'Aix-en-

Provence : « Oui, le cours Mirabeau avec ses vingt-trois fontaines recensées, mais il y en a beaucoup d'autres. Vous avez la fontaine du Roi-René, qui a introduit le muscat en Provence en 1432… » Julien : « Ah !… bien… Bon… maintenant nous jouons… — Nous avons aussi la fontaine moussue qui est tiède… » Julien : « C'est incroyable !… — Oui, elle fait de la mousse parce que l'eau sort à 17 degrés… » Lepers : « C'est intéressant… Alors un questionn… — Il y a aussi la fontaine des Neuf-Canons, qui permettait aux moutons faisant la transhumance de boire en traversant la ville d'Aix… — Ah !… Bon, allez on joue… — Et vous savez pourquoi ils pouvaient boire ? — Non. — Parce que la margelle est très basse ! C'est pas possible !… — Si, c'est possible ! Vous pouvez venir voir quand vous voulez, pour vérifier ! — D'accord, mais là, il faut y aller… — Mais il en manque une… » Julien : « Ah ! ben oui, ça aurait été dommage… — Oui, je voudrais terminer par la fontaine de la Rotonde qui est la plus belle, enfin pas pour tous, mais qui est reconnue comme étant la plus… » À cet instant, Julien, à genoux, les bras en croix, demandait à Jésus-Christ roi : « S'il vous plaît, faites-la taire ! » Et ça a marché, car elle n'a pas terminé sa phrase : « … qui est reconnue comme étant la plus… » Il l'a regardée, interloqué, il n'y croyait pas. Et il a enchaîné : « Ah… Eh bien, heureusement qu'il n'y en avait pas 150, des fontaines, parce qu'on était partis pour y passer la nuit ! ».

MARS 2002 (1)

J'ai une jolie leperserie pour nous donner un peu de courage en ce début de semaine. Soyons francs, je suis tombé dessus par hasard. Je cherchais une cassette à effacer pour enregistrer *Les Victoires de la musique*, lorsque j'ai visionné cette émission de *Questions pour un champion* qui date sans doute de plusieurs jours. Julien demande à une candidate ce qu'elle fait et où elle habite. La dame répond : « Je suis institutrice à mi-temps. » Alors Julien, figé dans sa structure interrogative – qui était, je vous le rappelle : « Que faites-vous ? » et « Où vivez-vous ? » —, entend « institutrice à mi-temps », et aussitôt, par un effet de réaction, demande : « Et ça se trouve où, mi-temps ? » Le cerveau de Julien fonctionne comme ça : une réaction immédiate sans pensée. Ça passe dans des zones totalement vides, c'est un peu comme le poulpe qui, dès qu'on le touche, balance de l'encre ! D'ailleurs, Julien possède un QI de poulpe !...

MARS 2002 (2)

Hier soir, notre ami Julien commence *Questions pour un champion* en disant : « Un immense bonsoir à tous, merci de regarder cette émission. » C'était bien, c'était sobre, mais c'est plus fort que lui, le voilà qui s'embarque dans une phrase dont il ignore comment il va la terminer : « Merci de regarder cette émission, cette émission qui n'est... cette émission qui n'est qu'amour... » Et là, il prend conscience et veut s'en sortir, mais plus ça va, plus il s'enfonce : « Cette émission qui n'est qu'amour, car il en faut de l'amour, tout simplement, pour nous regarder tous les soirs et ça nous fait plaisir, ça touche beaucoup, et ça nous oblige à nous remettre en question, et à vous essayer... à vous essayer de vous proposer tous les soirs la meilleure émission possible, Fabrice est un très bon candidat ! »

MARS 2002 (3)

Un des candidats, comédien amateur, explique qu'il va prochainement jouer la pièce *Volpone.* Déjà, notre ami Julien croyait que, *Volpone,* c'était l'ennemi de Fernandel dans *Don Camillo*... Est-ce cela qui l'a troublé ? Nul ne le sait. Toujours est-il que lorsque le candidat a dit qu'il s'agissait de *Volpone,* la pièce de Ben Jonson, on a vu sur le front de Julien les deux rides d'incompréhension que nous commençons à bien connaître et qui sont le signe d'une connerie annoncée... On voyait que ce nom évoquait quelque chose à Julien, donc les deux petites rides et la connerie qui arrive, majestueuse... Et Julien, qui se doute que c'est une connerie, ne peut l'arrêter – c'est comme une vague qui emplit le vide de sa boîte crânienne. Il dit : « Ben Jonson, Ben Jonson... Ça me dit quelque chose... c'est un Canadien, un sportif canadien... » Le candidat, effondré : « Euh... non, c'est un dramaturge élisabéthain. » Là, j'ai cru que Julien allait ajouter : « Dramaturge élisabéthain peut-être, mais il a été condamné pour dopage ! »

SEPTEMBRE 2002

C'est la rentrée pour Julien Lepers et Sophie Davant, qui nous sont revenus en pleine forme ! Hier soir, Julien présentait *Questions pour un champion* aux nouveaux téléspectateurs. Il a expliqué : « C'est un jeu de questions et de réponses basé sur... » Et là, évidemment, il est planté. Seul sur le sable, les pieds dans l'eau… « *Questions pour un champion* est un jeu de questions et de réponses basé… sur des questions et des réponses ! »

LOFT 2 (LE)

AVRIL 2002 (1)

Le *Loft 2* a commencé, et on n'a pas été déçus. D'entrée, on a compris que M6 avait menti effrontément en annonçant que le 2 ne serait pas plus *trash* que le premier. C'est bien simple, hier soir, dans cette première émission, il y a eu plus de vulgarité, de crétinerie, de sexe frelaté ambiance « fin de soirée au Macumba » que dans le premier ! En fait, comme dans les autres pays les *Loft 2* ont moins bien marché, on va avoir du *trash*, du cul, du bien vulgaire, avec des personnages tellement outrés que ça en devient pathétique.

Mais, avant tout ça il faut que je vous parle d'une nouvelle amie, qui, je le sens, va nous apporter beaucoup de satisfactions. Je veux parler de Séverine Ferrer, qui va coprésenter avec Benjamin Castaldi. Vous vous souvenez de Séverine Ferrer ? Elle était allée voir le dalaï-lama pour lui demander quel était le sens de la vie. L'autre, qui venait de fumer du népalais, a rigolé et lui a dit : « Le sens de la vie, petite demoiselle qui ressemblez à un poney, hi, hi, hi !, c'est de coprésenter le *Loft 2* avec Castaldi, hi, hi, hi !… » Là, il a regardé les autres lamas, ils se sont tous marrés et il lui a dit : « Allez, au revoir, et puis bravo pour *Mirza* et *Les cornichons* ! » Oui, parce que dalaï avait compris qu'elle s'appelait Nino Ferrer. Son secrétaire s'est penché vers lui et lui a dit à l'oreille : « Non, dalaï, c'est pas Nino Ferrer, c'est Neuneu Ferrer ! »

Donc, hier soir, Neuneu Ferrer était chargée de nous faire visiter le Loft. On lui avait dit : « Sois enjouée et tonique », du coup elle en faisait des tonnes. Pour vous donner une idée, à côté de l'état d'excitation de Séverine hier soir, Jean-Claude Van Damme aurait ressemblé à un contemplatif ayant fait vœu de silence !

Séverine sort du studio pour nous faire visiter, et là elle s'écrie : « Ah ! là, là ! Déjà une ambiance torride !... » Bon, il y avait une douzaine de blaireaux frigorifiés, au point, nous dit *Le Parisien* ce matin, qu'ils sont allés chercher des figurants pour faire la claque ! Alors devant le désastre, elle a crié : « Ça va ? », comme elle l'avait entendu faire à Bruel. Et là, on a juste entendu une grosse voix répondre : « À poil ! » Donc elle n'a pas insisté...

Arrivée devant le sas d'entrée, elle s'exclame : « Vous allez voir, c'est magique, c'est comme dans les banques ! » Évidemment, le truc ne marchait pas, alors Castaldi lui dit : « On va faire un compte à rebours ! » Séverine : « Ah ! d'accord ! » Et Benjamin commence : « 5... 4... 3... » Au même moment, Séverine Ferrer : « 10... 9... 8... » Peu importait finalement, puisqu'à zéro il s'est rien passé : le truc ne marchait vraiment pas ! Après un long moment la porte a fini par s'ouvrir, mais à l'intérieur il y avait une grande bâche qui recouvrait le tout. Elle aurait dû se lever majestueusement pour qu'on découvre le jardin, la piscine, les poules et tout ça… Manque de pot, la bâche est restée en position basse. Mais Séverine Ferrer, ça ne la dérangeait pas, vu qu'elle mesure 1 mètre 12 ! Donc elle a dit, comme on lui a dit à la répétition : « Oh… super !… Oh ! que c'est beau ! » Mais, comme la bâche restait obstinément en bas, c'était ridicule, « oh ! que c'est beau », avec la bâche sur la tête ! Castaldi : « Oui, mais Séverine, attendez, la bâche n'est pas relevée !… » Mais déjà Séverine nous présentait les trois poules – les bêtes, pas les candidates : « Et voici Dudule, Tuture et… » Et là, le trou terrible : Séverine Ferrer ne se souvenait plus du nom de la troisième poule. Vous allez me dire, quand même, voilà une fille qui n'a rien d'autre à foutre que d'apprendre le nom de trois poules à la con et qui n'y arrive pas ! Mais c'est un problème de stockage, elle a une capacité intellectuelle de deux noms ! Dudule, Tuture… et là, dans son cerveau il y a un clignotant qui s'allume : « Mémoire complète ! » En fait, la troisième s'appelait Pioupiou, c'est vrai que c'était difficile à retenir !

Finalement, elle nous a quand même fait visiter. Donc, c'est de nouveau du Ikéa – ils ne sont pas rancuniers chez Ikéa, les précédents n'ont pas arrêté de dire que c'était de la merde ! Ils doivent être maso !… Sinon, il y a une caméra dans la piscine, probablement pour le cas où ils feraient de la natation synchronisée, une baignoire à trois places et une douche à deux places, et il n'y a que dix lits pour douze personnes…

Faisons maintenant connaissance avec nos nouveaux amis. D'abord les filles. C'est terrible. Cinq pouffes de la pire espèce ! En plus, ils ont choisi des teigneuses, on devine qu'il y a du crêpage de chignon dans l'air. Marlène est coiffeuse. Enfin, ancienne coiffeuse qui maintenant ne fait plus grand-chose, sauf « draguer sur le périph' en 4x4 », dit-elle. D'ailleurs, elle a précisé : « Je suis quelqu'un qui aime les choses sexuelles. » Elle a beaucoup de classe. Surtout quand elle rit et qu'elle coince sa grosse langue entre ses dents. Il y avait sa mère, pathétique, dans la salle. Elle appelle les garçons des Crunch, parce qu'elle les mange avec gourmandise… À la question de Castaldi : « Quel livre emmenez-vous dans le Loft », elle a répondu : « J'avais un livre, mais je l'ai oublié à l'hôtel. » Elle a dû y oublier aussi l'intelligence… Une fois dans le Loft, elle a déclaré : « Maman, je te donne tout mon soutien. Je t'aime très très fort. Je vais m'éclater. Gros poutous poutous partout. Tout le monde sont super cool ! » Elle avait aussi oublié la syntaxe à l'hôtel…

Ensuite Julia. Elle, dans le scénario de M6, c'est la rebelle. Ça a commencé par une scène insupportable, durant laquelle elle a raconté devant sa mère tremblante comment cette dernière l'avait abandonnée lorsqu'elle avait 10 ans. Pour montrer à quel point elle est rebelle, la production lui avait demandé de faire la gueule, de se faire faire un piercing et d'amener un rat dans le Loft. Le problème, c'est que, lorsqu'elle est descendue de voiture, sa valise s'est ouverte et le contenu s'est éparpillé sur la chaussée. Du coup, la rebelle, toute gênée, a dit : « Oh ! excusez-moi ! », et elle a ramassé son barda… Son rat s'appelle Peyotl. Le peyotl, c'est un cactus d'où l'on extrait la mescaline…

Angela est barmaid dans une boîte. « Je suis une fille de la *night* et je pense que la plupart des filles sont des connes. » Et elle le justifie par ses premières phrases en entrant dans le Loft : « J'ai envie de pisser grave », puis, « Je remercie grave d'être venue... » La plupart, je sais pas, mais toi, c'est sûr !

Lesly est une enfant de la DDASS. C'est la nouvelle Loana. Minishort et talons aiguilles, donc déjà la grande classe. Elle prend une pose lascive, au point que Castaldi lui dit : « Lesly, vous avez descendu la fermeture Éclair de votre poitrine ! »

Et pour finir, Karine, prof de flamenco. Elle dit tout le temps « tranquille » et « ça le fait grave ! ».

Venons-en aux garçons. Ce sont également des archétypes, mais plus variés. Celui qui sera notre nouvel ami, je le pressens, je le devine, c'est Félicien. Je voudrais féliciter M6, moi je croyais pas que ça pouvait exister – ou alors en laboratoire. Comment vous dire... c'est une synthèse. Ce n'est plus un beauf, ce n'est plus un gros con, c'est au-delà, dans des sphères inconnues du commun des mortels. Il est mécanicien de formation, mais en fait il ne fait rien, car c'est un glandeur de première. Quand on demande à son père ce qui caractérise son fils, il répond : « Je ne veux pas dire qu'il soit feignant, mais il fout rien, il dort ! » On nous montre sa journée type : il se réveille et déjeune léger, avec du foie gras et du vin blanc, et ensuite il se recouche jusqu'à 19 heures. Après quoi il fait la fête – pour lui, la fête, c'est faire ce qu'il appelle « le poisson pané ». C'est – je cite – « se mettre 4 grammes d'alcool dans le sang puis plonger dans la sciure à vomi par terre... » Et il conclut : « Quand j'chuis bien bourré, je drague des thons... C'est tranquille ! »

Évidemment, il y a le Beur de service. Mais attention, c'est comme Aziz, c'est le bon Beur bien intégré, sympa et tout. Il s'appelle Kamel. Il a dit qu'il s'en était sorti grâce aux études. Il est en formation pour devenir chauffeur de bus. Castaldi : « Kamel, il paraît que quand vous enlevez vos chaussures c'est une infection ? — Trop, trop plaisir... Trop longtemps que... trop plaisir... Je présente mes condoléances pour la famille de monsieur Ali... »

Ensuite David, le play-boy. Il est mannequin. Contrairement au règlement, il a deux enfants, mais n'en a pas la garde. La mère a accepté par écrit qu'il participe au *Loft*, ce qui prouve que c'est une mauvaise mère. Il a déclaré : « Les gonzesses, c'est comme les bonbons, c'est bon, mais si t'en manges trop t'as mal au ventre ! » David mannequin, le « Jean-Édouardé », adore faire kiffer les gonzesses avec son corps...

William, le métis qui ressemble un peu à Thierry Henry, sympa, impliqué dans l'associatif, qui joue au basket. Sa particularité, c'est que quand il marque un panier il baisse son slip...

Thomas, le gay, présenté comme puceau. On insiste bien sur le fait qu'il dirige une galerie d'art, qu'il est paysagiste et qu'il lit Oscar Wilde, pour bien racoler avec des sous-entendus malsains et lourdingues, du genre : « Moi, ma femme devra être aussi grande que moi. — Ah bon ? Combien vous mesurez ? — 1 mètre 88. — D'accord... »

Vous l'avez compris, hier soir le rat était probablement l'être vivant le plus intelligent du Loft. Pourtant, avec ce qui s'annonce dans ce *Loft 2*, même le rat d'égout a le dégoût !

AVRIL 2002 (2)

La phrase du week-end était dans l'émission + *Clair* de Daphné Roulier sur Canal, qui a réalisé un reportage sur les anciens Lofteurs regardant les nouveaux à la télé, le soir de leur entrée dans le Loft.

On était chez Julie. Vous vous souvenez de Julie, la fiancée de Christophe ? Bon, eux, ça y est, c'est fini. Leur dernier contrat, l'ouverture de La Halle aux chaussures de Vermenton, a eu lieu il y a trois mois. Donc là, on les voyait chez eux, commentant les premières images des nouveaux Lofteurs. Et ils se moquaient. Christophe disait : « Ils n'ont pas de vocabulaire. » Et Julie répondait : « C'est clair ! » À un moment, le portable de Julie sonne. C'était Kimy. Vous vous souvenez de Kimy ? C'était la collègue de Bruno Masure – spécialiste des boîtes à partouzes – qui désirait devenir comédienne. Elle dit à Julie : « C'est le royaume de la vulgarité ! » Julie : « C'est clair ! » Et Christophe conclut : « Elle a raison, c'est le royaume de la vulgarité... », tout en se grattant les couilles avec acharnement !

À part ça, dans le Loft, tout va bien. C'est très calme. La seule activité intellectuelle décelée par les oscilloscopes de M6 provient du poulailler. Kamel a fait des crêpes. Il n'a pas tout à fait compris le principe du jeu, il faudrait lui expliquer que c'est filmé en permanence. Parce qu'il croit que lorsqu'il est seul il n'est pas filmé... Samedi, ayant donc décidé de faire des crêpes, il s'installe dans la cuisine, prépare sa pâte, en met une louche dans la poêle, attend que ça prenne, puis lance sa crêpe pour la retourner. Comme il n'a pas encore le coup de poignet, il procède en deux étapes, il décompose. C'est-à-dire qu'il lance la crêpe, la laisse tomber par terre, puis la reprend à la main et la tasse dans la poêlc pour cuire l'autre côté ! Et à chaque crêpe qu'il fout par terre, il jette des coups d'œil inquiets pour voir si personne ne l'a vu. Non, personne. Juste 8 millions de personnes.

Il y a aussi le cas Lesly, que les producteurs ont scénarisée comme la nouvelle Loana. C'est-à-dire le rôle de la bimbo qui fait de la provoc, mais qui cache un cœur d'or sous un 125 bonnets F. On nous l'a présentée comme une malheureuse enfant de la DDASS. Heureusement qu'elle a rencontré Pollux, un vieux, qui l'a prise sous son aile et lui a tout appris. Là-dessus, réaction d'une famille outrée qui déclare que Lesly s'appelle en réalité Rafida, qu'ils l'ont adoptée dès son plus jeune âge, qu'elle n'a jamais vécu en foyer et que Rafida *alias* Lesly a vécu une enfance heureuse. Gageons que les producteurs sauront indemniser comme il convient cette famille qui vient contrarier le scénario du *Loft*...

AVRIL 2002 (3)

Tout d'abord, le scoop de la nuit à la télévision : un coup de tonnerre dans le monde de l'audiovisuel. Tenez-vous bien, cette nuit, à minuit et demi... Marlène a quitté le Loft !

Dans l'article du *Parisien*, on apprend qu'hier soir, vers 22 h 30, Fun Radio a piraté une conversation dans le Loft entre Lesly et Marlène. Cette dernière lui avouait qu'elle exerçait la profession de call-girl et que, grâce aux bontés des vieux qu'elle se tapait, elle avait fait le tour du monde. Bon, on ne sait pas si c'est M6 qui en raison de ces révélations a décidé de la virer, toujours est-il qu'on espère que la chaîne ne va pas jouer les vierges effarouchées sous prétexte que c'est une pute – vu que c'est pour ça qu'ils l'ont choisie !

Un deuxième scoop nous a été révélé hier : l'homosexualité de Thomas. Honnêtement, ce n'est pas tout à fait une surprise. Thomas a expliqué aux Lofteurs que ses parents, qui étaient déjà contre sa participation au *Loft*, n'étaient pas au courant. C'est drôle, parce que nous on a tout de suite été au courant ! Là aussi, ça sent le bidonnage...

Je vais maintenant vous raconter le *best of* d'hier. Rappelons que *best of* signifie « le meilleur », c'est-à-dire qu'en une heure on condense les meilleurs moments.

Première séquence : on voit Félicien – le beauf landais – qui va se faire un jus d'oranges. Donc déjà la scène vachement intéressante !... Mais, si cette scène est dans le *best of*, c'est parce qu'il n'arrive pas à se servir du presse-agrumes. Rappelons brièvement comment ça fonctionne : vous coupez votre orange en deux, vous en plantez une moitié sur le cône de l'appareil, puis vous rabattez le couvercle et vous mettez en marche. Félicien, lui, met sa demi-orange, la tient avec son doigt et met la centrifugeuse en route. Son index se met donc à tourner avec l'orange, il s'explose le doigt... Bref, une horreur... Et jusqu'à la fin de la séquence, Félicien n'a pas compris qu'il suffisait de rabattre le couvercle sur sa demi-orange ! Et en bas de l'écran on voit s'inscrire : « Félicien se bagarre avec le presse-agrumes » – des fois que les téléspectateurs de M6 n'auraient pas compris ce qui se passe ! Bientôt, ils vont écrire : « Image qui bouge qu'on a filmée avec une caméra » !

Il y a quelques jours, un documentaire de la BBC montrait des expériences réalisées sur les chimpanzés du zoo de Sydney. Les singes arrivaient à se servir d'un clavier, comprenaient une cinquantaine de phrases et se faisaient des jus d'orange en se servant d'un presse-agrumes. Ensuite, il leur prenait l'envie de copuler, ce qu'ils faisaient immédiatement sans se poser de questions...

Notre ami Félicien qui, rappelons-le, est celui dont le plus grand plaisir dans la vie consiste à faire le « poisson pané » – c'est-à-dire à se saouler, puis se déshabiller et plonger dans la sciure pleine de vomi des bars du Pays basque –, Félicien n'a pas compris qu'il suffisait de rabattre le couvercle sur sa demi-orange... Mais le plus fort, c'est que deux autres Lofteurs l'observaient et n'ont pas compris non plus ! Il y avait Kamel et Angela. Elle dit : « C'est un délire grave. » Kamel : « Même pas chez moi j'ai ça... » – oui, parce que lui, il a du mal à mettre les mots dans le bon ordre. Et Angela, qui se décrotte le nez, a cette conclusion magnifique : « C'est ça qu'est bien ici, c'est qu'y a des trucs ici que t'as ici et pas à la maison ! »

AVRIL 2002 (4)

Il s'est passé beaucoup de choses ces derniers jours dans le Loft. Rappelons que Marlène a dû partir pour « raisons personnelles ». « Raisons personnelles », c'est la formule élégante trouvée par M6 pour dire que c'est une pute. Et donc, hier soir, en plus de la nouvelle fille qui devait entrer dans le Loft, y sont entrées deux sélectionnées parmi trois postulantes – nous y reviendrons.

Il y en a une dans le Loft qui commence à saouler tout le monde, c'est Karine. Ils lui ont dit : « Fais du flamenco », alors on la voit sans arrêt taper du talon en faisant des grâces avec les bras... Des fois, même, on la voit pas, on entend : « Tac tac tac... » Elle, je crois qu'elle va se faire virer du Loft... Pendant chaque scène, par exemple quand Kamel et Lesly sont à la cuisine, en arrière-plan on entend l'autre andouille : « Tac tac tac tac... »

Vous vous souvenez de la scène du presse-agrumes que je vous ai racontée avant-hier ? Eh bien, hier, on a eu la même avec Félicien face à un mixer. Il regarde et il fait : « Oh ! là, là ! Comment ça marche ?... » Et pendant ce temps-là, l'autre derrière : « Tac tac tac tac... »

David : « Si on ne mangeait qu'avec les beaux, y en a beaucoup qui mourraient de faim. » Angela le regarde et fait : « C'est beau c' que tu dis, si qu'on mangerait avec les beaux, qu'y en a beaucoup qui mourraient de faim... » À mon avis, si on mangeait qu'avec les cons, faudrait rajouter des tables dans le Loft !

Hier donc, trois filles se présentaient pour deux places. L'une serait sélectionnée par les Lofteurs, l'autre par les appels à 0,56 euro la minute. Sandra, miss Aisne, « porte toujours sur elle les poils de sa chatte ». Elle ne s'en sépare jamais, c'est un souvenir en quelque sorte. Elle porte toujours sa chatte sur elle, elle met ses poils de chat dans une petite bourse, dans une souris en peluche... Sandra arrive donc et elle est accueillie par Séverine Ferrer – qui, vous vous en souvenez, était trop enthousiaste la semaine dernière. Donc là ils lui ont dit : « Tu te calmes », du coup elle susurrait... Or, comme la première candidate, Lauryne, était foraine et qu'elle a été accueillie par un orchestre de clowns, on n'entendait rien de ce que disait Séverine ! Du coup, Lauryne hurlait : « Quoi ? J'entends rien !... Oui ? Quel effet ça fait d'être là ?... » Et là, Lauryne a cette phrase magnifique : « Ben... avant j'étais derrière la télé et maintenant je suis devant ! » Puis on la voit qui réfléchit et qui conclut – ou bien l'inverse. Remarquez, elle doit être dyslexique, parce qu'elle inverse toutes les prépositions...

Un peu plus tard, Castaldi lui demande ce qu'elle pense des autres Lofteurs. Elle répond : « J'espère qu'ils ne changeront pas et qu'ils resteront toujours délirants au début comme ils étaient à la fin... »

Pour sélectionner les deux filles, les Lofteurs devaient poser des questions. La première était : « Quel est ton genre de garçon ? » Il y en a une qui a dit : « Moi, je ne juge pas sur le physique, ce qui compte c'est l'apparence... »

À part ça, des nouvelles de notre ami Félicien. Figurez-vous que David avait décidé de lui couper les cheveux. Là, même si vous n'aimez pas le *Loft*, regardez le résultat, c'est incroyable. C'est-à-dire qu'il est quasiment tondu, ça fait des plaques, on dirait qu'il a la pelade ! Alors il est allé voir tout le monde, les filles disaient : « Wouuais, c'est laid… » Et pendant ce temps-là, l'autre : « Tac tac tac… »

Enfin, David est venu au confessionnal pour dire : « Félicien, c'est un bœuf, mais il est pas méchant. » Un bœuf peut-être, mais tondu comme un œuf !

Oh ! et puis ça me fatigue, le *Loft*… Et c'est pas fini, on va avoir droit à *Koh-Lanta*, puis à *L'Île de la tentation*, et puis le *Loft des gros*, et puis M6 pour contrer *L'Île de la tentation* va lancer *Love Boat*, le *Loft*, mais en bateau !…

Dieu merci, France 3 n'a pas donné suite au projet intitulé *La Ferme*. Non, ça ne veut pas dire « tais-toi ». Mais la ferme agricole. C'était un *Loft*, mais rural, où l'on voyait vivre des paysans comme au XIXe siècle. La chaîne, après avoir visionné les versions étrangères, a jugé que c'était trop vulgaire. Il y avait une caméra dans la chambre à coucher et une autre dans l'étable !

MAI 2002 (1)

J'en arrive parfois à me demander si les Lofteurs ne le font pas exprès. Non, parce que la connerie à ce point-là… Maintenant, Castaldi se moque ouvertement d'eux. Ce sont de pauvres incultes dont tout le monde se fout… Le Basque qui se prend des vestes avec toutes les filles… Et surtout avant hier, Lesly et Angela qui répètent *Les Sœurs jumelles* des *Demoiselles de Rochefort*. Soudain, elles tombent en arrêt dans le texte sur le mot « ingénue ». Angela s'inquiète : « Ingénue… Tu crois que ça veut dire "teubé" ? » L'autre : « Ben oui, génie, génie… » Donc jusque-là ça allait, l'autre suivait : « In-génie sans génie… et après tu as ingénieur, là on retrouve le génie… » Ça en devenait émouvant : vous avez perçu qu'on n'était plus dans la connerie depuis longtemps, mais dans une autre galaxie… Elles réinventent un langage, tel un peuple primitif : génic, génie, in-génie, sans génie, ingénieur qui travaille dans le génie, et un ingénieur dans le génie civil, pour elles, c'est un pléonasme !

Ensuite, dans le genre : « J'ai douze mots de vocabulaire », Kamel a découvert la ménopause…

Hier soir jeudi, jour de la grande émission hebdomadaire, il y a eu l'entrée dans le Loft d'un nouveau garçon, à choisir parmi trois. Oui, parce que, comme l'audience ne suit pas, ils inventent le règlement au fur et à mesure. La semaine dernière, deux filles sont entrées, et cette semaine un garçon. Ça fait trois nouveaux, moins la pute qui s'est fait virer, il y a donc deux nouveaux, suivez un peu !…

Ils avaient amené Marlène – la pute, justement –, qui était là en qualité de potiche. Ils l'ont foutue dans un coin et, pendant toute la soirée, elle a fait le tour de ses lèvres avec sa langue – comme Mireille Mathieu. Vous n'avez jamais remarqué que Mireille Mathieu aimait à passer sa langue autour des lèvres… ? De la bouche, bien sûr !…

Dans le public, il y avait la mère de celle qui pleure tout le temps, Sandra. Du coup, comme ils ont repassé toutes les scènes où la fille pleurait, la mère s'est mise à pleurer. C'est le mot « tricot » qui l'a fait pleurer… Quand l'autre a dit : « Maman avec son tricot… bouh… »

On a retrouvé notre amie Séverine Ferrer, qui hurlait la première semaine et qu'on n'entendait pas la deuxième. Du coup maintenant, Castaldi parle en même temps qu'elle ! Elle était dehors et disait : « Ah ! il y a beaucoup d'ambiance ce soir. » Bon, il y a les familles des pauvres... Des limousines amènent les candidats. Là encore c'est bidonné, puisque les limousines parcourent 50 mètres pour amener les candidats au tapis rouge. Tout le ciné, les limousines dans Paris et tout ça, c'est bidon : les images sont enregistrées. La preuve, c'est que celles qui amènent les candidats ne peuvent sortir de l'enceinte des studios, puisqu'elles sont immatriculées « LOFT STORY ».

Hier donc, trois garçons descendent des limousines, accueillis par Séverine Ferrer à qui ils font la bise. Le premier, Romain, beau gosse, regard ténébreux, on a deviné d'entrée que c'est lui allait entrer dans le Loft. Bon, intellectuellement, bien sûr... mais c'est pas ce qu'on lui demande. Vous savez qu'ils ont officiellement annoncé qu'il allait mettre les trois livres suivants dans le Loft : *Oui-Oui part en vacances, La Médecine par les plantes*, de Rika Zaraï, et *L'Exploration des volcans sous-marins* par le commandant Cousteau – ça, c'est pour ceux qui veulent pratiquer le cunnilingus dans la piscine !

Donc Romain, beau gosse, on le fait parler de lui. Il dit que ce qu'il aime dans la vie c'est dépasser ses limites. « Ah ! c'est bien ! Et vous faites quoi ? — Je suis barman en saison. » Ah ! oui, ça situe bien les limites... « Et à part ça, quels sont vos loisirs ? — Les sports extrêmes. » Et là, effectivement, on nous montre des images impressionnantes où on le voit debout sur une planche de surf… Mais après ça le fait moins, parce que le plan s'élargit et on s'aperçoit qu'il fait du surf sur sa pelouse, tiré par le mini-tracteur de son père ! À part ça, c'est comme dans la chanson de Brel, « beau et con à la fois » : il croit à la réincarnation, et il est persuadé qu'il sera un cocker dans sa prochaine vie. Là aussi, on perçoit bien les limites… On se demande comment peut fonctionner le cerveau d'un type qui est persuadé qu'il sera réincarné en cocker !… D'ailleurs, Benjamin Castaldi ne s'y est pas trompé, puisqu'il lui a dit : « Ah ! en cocker ? On aurait imaginé un chien plus musclé ! » C'est-à-dire que lui, c'est juste la race qui le gênait !

Il y avait aussi Sébastien. Lui, il était agrégé de géographie, mais dès le début il n'a pas eu de chance : il descend de la limousine, et là, Séverine Ferrer se trompe. C'était pas compliqué pourtant, elle devait ouvrir la porte de la voiture, aider le candidat à descendre, lui dire bonjour en parlant bien dans le micro et puis lui faire la bise. Rien de bien compliqué *a priori*, sauf pour Séverine Ferrer… Quand je pense qu'elle est allée voir le dalaï-lama !… Voilà un homme qui pensait avoir connu le pire avec la persécution chinoise, et on lui inflige une discussion avec Séverine Ferrer ! C'est pour ça qu'il rigole tout le temps : depuis qu'elle est repartie, la vie lui paraît belle… Séverine devait donc faire quatre mouvements : alors elle ouvre la porte, elle aide le candidat à descendre, et là… l'accident bête. Au lieu de faire la bise, elle tend le micro au candidat et parle dans le vide. Du coup, le candidat sort de la voiture et fait une bise… au micro !

Parmi les trois candidats, il y avait une vedette, un prénommé Fabien, qui exerce la fonction de commercial. Bon, vous affolez pas : ça veut dire qu'il est vendeur de voitures dans une concession en province. Il portait un costume Pantashop et des mocassins griffés La Halle aux chaussures, mais surtout il était coiffé comme vous, Stéphane, avec ce « recourbé » devant, fort en vogue aux débuts de Charles Trénet... On aurait cru un conseiller financier de La Poste ! Mais le fait qu'il soit totalement ridicule n'empêchait pas notre ami Fabien de se la jouer, du style : « Oui, on dit de moi que je suis un killer... » Le mot lui plaisait, « killer ». En fait, c'étaient des clients, pas contents parce que la voiture qu'il leur avait vendue perdait de l'huile et avait un compteur trafiqué, qui étaient venus faire un scandale et lui avaient dit : « Mais, monsieur, vous êtes quelqu'un de malhonnête, quelqu'un qui ment, quelqu'un qui leurre ! » L'autre avait retenu « killer », du coup son dieu vivant était Bernard Tapie ! C'était pathétique ! Lui aussi aimait les sports extrêmes, et on le voyait faire du karting au parc Walibi... Tu parles d'un aventurier ! Autant vous dire que les téléspectateurs l'ont immédiatement éjecté : il a recueilli 5 % des voix.

Ensuite, Castaldi est entré dans le Loft avec les deux candidats restants – ça n'était pas prévu, Castaldi nous a dit qu'il s'agissait d'une grosse « gueu-bla » qu'il faisait aux filles. Mais il a eu du mal à entrer parce que, comme d'habitude, ça ne marchait pas ! Et il est resté coincé dans le sas, c'était incroyable ! Il appuyait sur une sonnette, on sentait qu'il était claustro et au bord de la crise de spasmophilie...

Dans le Loft, les filles ont sélectionné les garçons en leur posant cinq questions, du style : « Es-tu slip ou caleçon ? », etc. En fait, elles avaient fait leur choix en voyant Romain…

Puis Castaldi est revenu avec le *looser*, et là ils avaient beau avoir filtré le public qui attendait dehors, on a vu voler les bouteilles. Ils avaient dit à Séverine Ferrer : « Tu meubles. » Donc elle a meublé : « Ah ! voilà les Lofteurs… Le nouveau fait connaissance… » Et en désespoir de cause, elle pose une question à Marlène. L'autre, avant de parler, fait son tour de bouche avec la langue… Du coup, ils ont envoyé la pub !

MAI 2002 (2)

Je vous demande de me croire. Après avoir définitivement renoncé à imposer aux Lofteurs des challenges à caractère culturel, la production du *Loft* a supprimé peu à peu l'écriture et toute forme d'expression. Pour vous donner une idée, voici en quoi consistait le défi d'hier : on leur a livré du sable et ils devaient faire un château. Mais, comme on n'était pas sûr qu'ils y arrivent avec des seaux, on leur avait donné des moules en plastique qui avaient la forme de créneaux, de mâchicoulis, etc. Au bout d'une journée, ils ont réussi à faire un château merdique ! Et comme récompense, la prod' leur a fait passer le courrier de leurs fans. La voix *off* leur dit : « Votre courrier vous attend dans le cellier. » Ils étaient fous de joie, ils attendaient des sacs de courrier… En fait, ils ont très vite fait la gueule, vu qu'ils n'avaient qu'une enveloppe kraft chacun, avec trois malheureuses lettres dedans. En revanche, pour le contenu des lettres, on n'a pas été déçus. Des écritures de névropathes ou d'enfants, partant dans tous les sens, je vous laisse imaginer les fautes d'orthographe... Bon, ça, eux ils ne s'en rendaient pas compte, vu leur niveau. Pour eux, c'était de la calligraphie...

David a reçu une lettre de deux petites filles qui lui écrivaient qu'il était beau et qu'elles espéraient qu'il leur répondrait. Il a répondu : « Je vous promets d'essayer », ce qui est quelque peu prématuré, vu qu'il doit d'abord apprendre à écrire !

Quant à Karine – vous savez, la danseuse de flamenco, « Tac tac tac... » –, elle s'est un peu calmée ces derniers temps. Elle a reçu une lettre d'un dénommé Manolo : « Salut Karine, j'aimerais bien te visiter et j'ai mis une enveloppe pour la réponse. » Au moins il est peut-être direct, Manolo, mais il n'est pas radin...

Télé Star a demandé à Marlène pourquoi elle avait quitté le Loft si soudainement. Marlène a répondu sans rire : « Le jour où j'ai chanté dans le Loft, j'ai vu des larmes dans les yeux des autres et ça m'a fait peur. » Je me demande si elle se fout pas un peu du monde, Marlène ! En fait, quand on l'a entendue chanter, on comprend que les autres aient eu envie de pleurer : c'était pas de l'émotion, mais des larmes de souffrance ! Moi, devant mon écran... même mon chien pleurait !

Lorsque Marlène est partie, son départ a été tellement précipité qu'elle a laissé ses sous-vêtements sales et que, le lendemain, on a eu droit à un interminable débat, au cours duquel Angela demandait aux autres Lofteurs ce qu'il fallait en faire…

Toujours sur le *Loft*, je voudrais revenir sur le départ de Julia qui a eu lieu il y a deux semaines, car je m'aperçois que je ne vous ai pas parlé des cadeaux qu'elle avait gagnés. Le soir de sa sortie du Loft, dans le studio, une dénommée Sylvana Lorenz, demi-vieille, fausse mondaine qui parasite la jet-set, attendait Julia pour lui proposer d'exposer à l'Espace Cardin avant début juillet… Là, on se dit : « Ouah, super !… Une expo à l'Espace Cardin, ils se foutent pas d'elle ! » Le problème, c'est que Julia a juste dit qu'elle avait envie de peindre des tableaux dans sa tête, et qu'il faut donc qu'elle se mette dare-dare au boulot ! Donc, ce soir-là, elle est folle de joie, et elle dit à Sylvana : « Super, je vais m'y mettre dès demain ! » Et Sylvana : « Vous avez quand même le temps, vu que l'expo n'aura pas lieu avant fin juin… » Donc, si vous avez bien suivi : elle lui promet une expo entre fin juin et début juillet, c'est-à-dire que dans la nuit du 30 juin au 1er juillet elle pourra accrocher ses croûtes de 3 heures à 3 h 30 !

Comme autre cadeau, une agence lui proposait un voyage de son choix. À titre d'exemple, il y avait Amsterdam ou la Tunisie. On comprenait donc qu'un voyage de son choix, ça voulait dire un charter à moins de 300 euros. Mais Julia n'avait pas compris, si bien que, quand Castaldi lui a demandé où elle voulait partir, elle a dit : « Euh… j'ai juste droit à une destination ou je peux en choisir plusieurs ? » On devinait qu'elle brûlait d'envie de demander un tour du monde... Mais le patron de l'agence l'a tout de suite calmée en lui disant : « Eh bien, si vous voulez partir au soleil, vous pouvez aller à Djerba ! »

C'est là que, pour changer de sujet, Castaldi a demandé à Julia si elle avait quelque chose à déclarer aux autres Lofteurs. Elle s'est retournée vers l'écran géant et leur a dit : « Surtout ne pleurez pas. » Les autres à l'intérieur : « Ah ! ben, on pleurait pas... » Tu parles, tout le monde la détestait dans le Loft, et là ils dansaient pour fêter son départ ! Karine « Tac tac tac » faisait une sévillane de joie, et tout le monde était heureux que l'autre ait enfin foutu le camp avec sa rate !

JUIN 2002

Ça fait des semaines qu'on vous dit que le *Loft* est bidonné, comme *Ça va se savoir*, la fausse émission de télé-réalité, jouée – très mal, mais jouée quand même – par des comédiens. Dans le *Loft*, au hasard d'une phrase, on s'aperçoit qu'ils sont au courant des soi-disant surprises. Hier, c'était la visite de leurs parents et des anciens Lofteurs. Et puis surtout, ils sont sans arrêt en train de parler tout bas de leurs futurs contrats, qu'il faut « négocier avec Caro ». En regardant le générique, on s'aperçoit que cette Caroline est la productrice...

Hier, les anciens Lofteurs sont entrés, et tout le monde s'est retrouvé dans la piscine, comme l'avait demandé la prod. Tout le monde, non : pas Lesly, qui restait prudemment à l'écart. Le Basque, Félicien, avec sa finesse coutumière, lui hurle : « Allez Lesly ! Viens dans l'eau ! » Et on entend distinctement la fille qui dit : « J'ai mes hum hum... » Et Félicien, plein de délicatesse, qui hurle : « T'as tes règles, Lesly ? » L'autre : « Oui ! » Et le voilà qui se met à chanter, bientôt rejoint par les autres Lofteurs : « Lesly, elle a ses règles !... Lesly, elle a ses règles !... » Et les voilà qui dansent dans l'eau en psalmodiant cette invocation monstrueuse et menstruelle... De toute façon, ils disent tous qu'ils pissent dans l'eau !

MAILLON FAIBLE (LE)

JANVIER 2002

[...] Puisqu'on parle de minceur, j'ai regardé *Le Maillon faible*, avec maîtresse Boccolini vêtue de sa majestueuse toge noire et éclairée façon Temple solaire. Ils veulent donner à cette émission une ambiance solennelle et inquiétante. Le problème, c'est que Laurence a devant elle une espèce de pupitre qu'elle tourne au fur et à mesure qu'elle s'adresse aux candidats, et qu'une fois arrivée au bout elle doit soudain faire un demi-cercle à toute vitesse pour revenir au premier candidat. Et cet instant-là est complètement ridicule. Ça fait comme une espèce d'ouragan : la toge s'envole, elle s'accroche au pupitre...

Le Maillon faible, donc. Alors le candidat dont on va se moquer toute la semaine, à son boulot et chez les commerçants de son quartier, se prénomme Jean. Il a commencé très fort, puisqu'à la question : « Comment se nomme la longue lunette qui sert aux astronomes à observer les étoiles ? », il a répondu sans hésiter : « Un Caméscope ! »

Ensuite on lui a demandé : « Quel oiseau dont le nom commence par *p* est dressé pour voyager et porter des messages ? » Et là, notre ami Jean a répondu : « La pie... »

Parfois, lorsque les questions sont trop difficiles pour les candidats, Laurence leur propose le choix entre trois réponses. Là, c'était le cas, et vous allez voir à quel point la question était difficile. Elle demande : « Quel prénom masculin donne-t-on à un maillot de corps ? » Oui, alors là, comme pour Jean c'était difficile, ils ont donné trois possibilités de réponses. Évidemment, les autres ont trouvé qu'il était « le maillon faible », il s'est fait virer, et là il a déclaré : « Je ne comprends pas pourquoi ils m'ont éliminé. Peut-être à cause de mon âge... »

FÉVRIER 2002

Hier, dans *Le Maillon faible*, Laurence Boccolini demande à un candidat : « Comment appelleu-t-on la femelleu du lièvreu ? » Le candidat répond : « Une levrette ? »

Et celle qui va passer pour une andouille toute la semaine, c'est la candidate qui, à la question : « Quelle est le moyen de transport que les vaches regardent ? » – déjà, rien que de répondre à une telle question, c'est humiliant –, a répondu : « Euh... Ce que les vaches regardent passer... la charrue ? »

Une autre candidate n'était pas mal non plus. À la question : « Quel est le personnage de la littérature anglaise qui dit toujours : "Élémentaire, mon cher Watson" ? », elle a répondu « Shakespeare ! »

Ensuite, à la question : « Comment appelle-t-on un tableau qui représente des fruits ou des objets inanimés ? », la même a répondu : « Abstrait. » Ce qui est sûr, c'est que sa culture l'était totalement, abstraite !

Enfin, à la question : « Quel mot désigne à la fois un diplômé de fac et quelqu'un qui se fait renvoyer de son travail ? », un candidat a répondu : « Un recruteur. » Pour répondre ça, il faut au moins être licencié en connerie !

MASURE Bruno

JANVIER 2002

Un mot sur Bruno Masure, qui poursuit son chemin de croix télévisé. Hier, il s'est tapé Garou toute la journée chez Michel Drucker, mais la chienne de Drucker s'est réveillée au moment du poème, et Geluck a dit une chose très vraie : lorsqu'elle entend le poème de Bruno, elle sait que c'est bientôt la fin de l'émission et qu'elle va bientôt aller pisser. Donc elle est contente, elle remue la queue !

Bruno a osé dire : « Garou pète », mais il a eu une absence lorsqu'on a évoqué la mère de Garou, concierge. Il n'a pas osé dire : « Sur la loge, il y avait une plaque : Madame Garou, bignole… »

FÉVRIER 2002

Stéphane, je voudrais vous donner des nouvelles de votre ancienne coprésentatrice Valérie Benaïm, qui, elle, est toujours sur TF1. Elle y présente même deux émissions, dont *Exclusif*, un truc sans intérêt qui parle de gens sans intérêt. La preuve, c'est qu'ils sont allés chez Bruno Masure – c'est vous dire ! Je ne sais pas si vous vous souvenez, ils avaient envoyé une fille dénommée Godula. Je pense qu'Ulla est son prénom et son nom God (qui signifie Dieu). Elle justifie parfaitement son patronyme, puisqu'il s'agit d'une illuminée de première. Elle arrive chez Bruno tout excitée, elle entre en le bousculant et se met à s'extasier en touchant à tout : « Oh ! vous avez un juke-box ! » Bruno disait : « Oui, mais faites attention, c'est fragile ! » On sentait qu'il avait envie de hurler comme Francis Blanche dans *Les Tontons flingueurs* : « Touche pas, salope ! » Madame God enchaîne en disant à Bruno : « Vous savez que dans *Exclusif* on est un petit peu indiscret. Allons voir votre chambre ! » Là, Bruno se raclait la gorge, vu qu'il venait de se souvenir que son lit n'était pas fait et que les draps ressemblaient à des cartes d'état-major de l'Institut géographique national... Il finit par dire : « Euh... Ben non, c'est un peu en désordre, restons ici... » Mais tu parles, l'autre était déjà dans l'escalier, suivie du caméraman et du preneur de son. Heureusement, arrivée là-haut, elle ne s'intéressa pas au lit, et ne vit donc pas les divers sous-vêtements de cuir ainsi que les accessoires en latex qui traînaient. En fait, elle était passionnée par une bibliothèque aux étagères pleines de bibelots... « Oh ! s'écria-t-elle, vous faites collection de petits personnages ! » Elle en saisit un, et là on la voit changer de couleur : il s'agissait d'un moine doté d'un sexe énorme !... Bruno : « Euh, oui... c'est une petite collection sans prétention... » L'autre, en redescendant l'escalier à toute vitesse : « Bon, voilà, c'était le petit monde de Bruno Masure, nous n'allons pas vous déranger davantage !... »

FÉVRIER 2002

Je voudrais dire que je suis allé à Nantes effectuer une séance de signatures pour mon bouquin, et qu'au retour, « en revenant de Nantes » donc, entre Nantes et Montaigu, dans le TGV, une dame m'a accosté l'air inquiet et m'a demandé : « Rassurez-moi, les poèmes de Bruno Masure, c'est du second degré ? » Je lui ai répondu : « Évidemment que c'est du second degré ! » Alors elle m'a dit : « J'en étais sûre, c'est pareil quand il dit qu'il aime le patinage artistique ! » Ben évidemment, madame, vous pensez bien que Bruno Masure a autre chose à faire que de passer ses nuits à regarder le patinage artistique à Salt Lake City, seul dans son lit qui sent le pipi de chat !...

MILLER GÉRARD

JANVIER 2002 (1)

Comme l'exige mon contrat, j'ai passé la soirée d'hier devant la télé. J'ai d'abord regardé sur M6 *Tous obsédés*, puis sur France 2 l'émission des inventeurs. Comment vous dire... Quels nouveaux mots faudrait-il que j'invente pour décrire l'indigence, le presque rien dont parlait Jankélévitch...

Du coup, devant la pauvreté des programmes, on s'attache au moindre détail. Par exemple, si vous avez vu Gérard Miller chez Laurent Ruquier ces derniers jours, un détail n'a pu vous échapper : Gégé n'a plus de lunettes. Il les a cassées lors d'une brève échauffourée avec Drucker. Et évidemment, depuis, il n'a plus les moyens d'en acheter d'autres. Du coup, on voit ses deux petits yeux chafouins brillants de concupiscence... La dernière fois qu'il avait cassé ses lunettes, c'était en mai 68, quand il cassait du CRS. Oui, parce que Miller aime à dire qu'en 68, il était sur les barricades et cassait du CRS. Et c'est vrai qu'on y croit : l'autre, 1 mètre 32, 40 kilos tout mouillé, avec les autres qui chargeaient, ça devait être folklo !

Toujours est-il qu'aujourd'hui, de nouveau, Gérard Miller n'a plus de lunettes. Alors, nous allons lancer une grande opération : « Des lunettes pour Gégé ». Si vous avez chez vous des lunettes inutilisées, le lorgnon d'un grand-oncle, un monocle de cousin germain, ou même ces lunettes de farces et attrapes avec de faux yeux au bout d'un ressort, envoyez-les nous !

JANVIER 2002 (2)

Je suis au regret d'annoncer à la France consternée que notre Gégé national n'a toujours pas de nouvelles lunettes. Vous vous souvenez qu'il a cassé les précédentes lors d'une rixe avec Michel Drucker, et que nous avons lancé une grande opération : « Envoyez vos vieilles lunettes à Gérard Miller ». Quand je dis lunettes, je veux parler de lunettes de vue, car de nombreux auditeurs nous ont fait parvenir des lunettes de WC... Bon, c'est vrai que la confusion était possible, car Gérard Miller est chiant ! Mais je le précise, il s'agit de lunettes de vue. Car vous connaissez le proverbe : « Miller sans lunettes, Miller sans quéquette ! »

MOLIÈRES (CÉRÉMONIE DES)

AVRIL 2002

J'ai regardé *Les Molières*. Jean Piat était dans un jour *off*. D'abord, il n'y voit plus rien, il disait : « Ah... » On lui soufflait : « Bruel... Oui, Patrick Bruel... » Et derrière lui, au début, il y avait tous les nommés en rang. Alors il s'est retourné vers eux, et là, le trou noir... Il savait bien que ces visages lui disaient quelque chose, mais lui, à cet instant, il n'était plus qu'un enfant qui courait dans une école maternelle... Au prix d'un terrible effort, il a fini par dire : « Bonsoir, Pierre Arditi ! » Oui, lui il est partout, alors forcément ! Et puis il voit cette femme à côté d'Arditi. Son visage lui disait quelque chose... « Merci, Pierre Arditi, merci à... Merci, merci, merci... » L'autre, interloquée : « Vous vous souvenez pas de mon nom, Jean Piat ? — Si, très bien !... » Et là, deux mille personnes attendent qu'il le dise, ce nom. Alors il se retourne vers elle et lui dit : « Rappelez-moi donc votre nom ? » L'autre, atterrée : « Muriel Robin ». Et Jean Piat, voulant faire celui qui plaisantait : « Oui, bien sûr, Mireille Robin ! Comment ça va ?... » Très bien, à part que j'ai des trous de mémoire !

MORNING LIVE (LE)

AVRIL 2002

L'an dernier, nous avions une amie prénommée Stéphanie qui présentait l'horoscope du *Morning Live* de M6. Elle disait tellement de conneries qu'après en avoir rigolé nous avons pensé qu'il s'agissait de second degré. Eh bien, après enquête, pas du tout : elle est comme ça ! Oui, je sais, on a du mal à le croire... Et on va avoir une fin d'année sympa, puisqu'elle a repris le *Morning Live* de M6 avec Laure du *Loft 1*, celle qui a une tête de tortue égyptienne – ça va tout droit du front au bout de son nez, il n'y a pas de front. Remarquez, c'est normal : il n'y a pas de cerveau ! Mais, malgré ça, elle est plus intelligente que Stéphanie qui, ce matin, présente un jeu en déchiffrant péniblement sa fiche et annonce : « Nous avons en ligne Emmanuel, qui nous appelle de la Vosge ! » On imagine le réalisateur hurler dans son oreillette, alors elle dit : « Hein ? On dit bien la Vosge ?... Ah ! bon ?... On me dit qu'on dit les Vosges ! Bon, moi je veux bien ! » Eh bien, je vais vous dire, on est heureux qu'elle veuille bien.

NRJ MUSIC AWARDS

JANVIER 2002

Samedi sur TF1, il y avait les *NRJ Music Awards*. Bon, pas de surprise, au moins maintenant on sait quelle musique ils diffusent sur NRJ : on écoutera la programmation de France Inter ! Pour vous donner une idée, c'est du standardisé, de l'aseptisé, du surgelé sous cellophane, de l'OGM de musique ! Et évidemment, tout le monde chantait en play-back...

Les *Awards* étaient remis par des personnalités du monde de la musique, comme par exemple... David

Douillet et Adriana Karembeu ! Douillet a commencé en disant : « Voici les nominés pour… », et là il se souvenait plus. Il interroge des yeux Adriana – tu penses, l'autre, elle ne savait même pas pourquoi elle était là, sur son contrat il y avait écrit : « Embauchée pour la soirée en qualité de nichons. » Donc, pour justifier son cachet, elle avait mis un décolleté affolant, ça doit être ça qui a déconcentré David… Donc il reste en suspens, interroge Adriana des yeux et elle lui répond : « Ah, je sais pas… » – sous-entendu : « C'est toi qui devais le dire, t'as une phrase à apprendre, t'aurais pu faire un effort, connard ! » À la décharge de Douillet – si j'ose dire –, voilà un type qui vient de passer un mois en train avec Bernadette Chirac et qui se retrouve sans transition tout près d'Adriana Karembeu. Il se souvenait plus comment c'était, une femme !…

Évidemment, les pointures étaient pas là. Si bien que lorsqu'elles avaient gagné, Anthony Kavannagh ramait, du genre : « Meilleur artiste de l'année… Michael Jackson ! Ah ! Michael s'excuse, il n'a pas pu venir, mais il vous aime tous ! » L'autre, il sait même pas que ça existe, tu parles s'il s'excuse !

Ophélie Winter est venue remettre un *Award* avec Seal, et elle a fait un jeu de mots. Elle a dit : « Les chanteuses ont des faux cils, moi j'ai le vrai… » Comme personne ne riait, elle a dit : « Faux cils, moi j'ai le vrai Seal… » C'est tout juste si elle n'a pas ajouté : « Non, c'est parce que je joue sur le mot "cil", en disant faux cils et vrai Seal ! »

À part ça, le grand gagnant de la soirée a été Garou. Ça vous donne une idée du niveau…

NAPOLÉON

OCTOBRE 2002

Pour être honnête en m'installant lundi devant la télé pour regarder le *Napoléon* de France 2, j'avais plutôt un préjugé favorable.

Je suis en effet friand de ces grandes productions télévisées depuis *Les Rois Maudits* avec Jean Piat, *Les Misérables* où *Le conte de Monte Christo* avec Depardieu, et puis surtout *Marc et Sophie* avec Gérard Rinaldi, Julie Arnold et la concierge qui ronchonnait.

Ah ! *Marc et Sophie,* comment oublier ce merveilleux générique écrit par Didier Barbelivien, dont je vous rappelle la substantifique moelle :

« *Marc et Sophie*
Leurs parents leurs amis
Leurs animaux et toute la compagnie. »

Tout ça pour vous dire que j'attendais avec impatience lundi soir le premier épisode de *Napoléon* et pour me rafraîchir la mémoire, j'avais relu un vieux livre d'histoire de CM1 où était écrit ce que nous avons tous appris à l'école, notamment que Bonaparte avait 27 ans au pont d'Arcole, que c'était un jeune homme très mince, d'une pâleur extrême, avec des yeux bleus étincelants.

Alors, évidemment, imaginez ma surprise, en voyant dans la série de France 2 que Napoléon avait 50 piges à Arcole et que c'était un papy ventripotent au teint mat et aux yeux marrons, boudiné dans son uniforme.

Certes on peut prendre des libertés avec la réalité historique mais de là à faire jouer un jeune officier émacié, par un type au physique de joueur de pétanque, faut quand même pas exagérer.

Je ne sais pas si vous avez vu Christian Clavier brandir l'étendard au pont d'Arcole, rappelons que dans la réalité historique Bonaparte traversait le pont en courant avant que l'artillerie ennemie n'ait le temps de tirer. Là, on voit Clavier prendre le drapeau courir un peu et, au bord du malaise respiratoire, dire à ses soldats : « Allez-y », et lui reste immobile au milieu du pont à reprendre son souffle en respirant très fort comme Line Renaud.

On pourra m'objecter que l'intérêt de la série de France 2 est de nous montrer le destin d'un homme hors du commun fait pour gouverner dans notre époque qui en manque singulièrement.

Et bien, je ne suis pas d'accord avec ça. Car il y a dans l'histoire contemporaine, un homme né pour gouverner, un oiseau de proie prêt à fondre sur la proie du pouvoir, un stratège, un visionnaire, une épée, bref une pointure, et cet homme c'est... Albert de Monaco.

Et vous allez comprendre. La rédaction de France Inter publie le bulletin hebdomadaire des événements politiques pour les jours à venir, et dans celui de la semaine en cours entre l'annonce du déplacement de notre bon maître monsieur Raffarin à Lyon et la réunion demain à Francfort du comité de politique monétaire de la banque centrale, je lis : *Mercredi 9 Octobre, à Monaco, le prince Albert lira un de ses poèmes dédié à la bière à l'occasion de la réception du 118e congrès de la chope d'or.*

Alors vous voyez bien. De la même façon qu'on se souviendra que Napoléon fut l'auteur du code civil, on se souviendra qu'Albert fut l'auteur de : « Tiens paulo, si tu nous remettais une p'tite mousse. »

NOCES BATAVES

JANVIER 2002

Samedi à 11 heures, un générique style magazine d'infos, « Direction de l'information, Robert Nahmias, opérations spéciales présente... », et là, ça change, on entend la musique d'André Rieu et on voit des cavaliers qui chevauchent sur une plage... Puis le titre : « Noces royales aux Pays-Bas. » Et ensuite, en gros : « Une émission de Jean-Claude Narcy » et, en tout petit : « Avec Stéphane Bern. » On sentait qu'ils annonçaient ça du bout des lèvres, du genre : « Avec la participation de l'autre, là, comment il s'appelle déjà ? » Bref, l'émission commence avec les présentateurs filmés de loin, debout, on aurait cru un 1er Mai à Moscou à l'époque communiste. Au milieu, à la place de Brejnev, il y avait Narcy emmanché d'un long cou, il côtoyait une rivière, ma commère Stéphane qui faisait mille tours. Lui, ils l'avaient mis sur le côté... Il était là, avec son air d'élève sage, vêtu d'un Dormeuil – pour une fois, il avait choisi le modèle le plus récent de la marque, celui qu'on appelle « le Raymond Poincaré ». Et en hommage à la Hollande, Stéphane portait, à la place de la Légion d'honneur qu'il demande en vain depuis des mois – comme c'est Mougeotte qui la lui avait promise, il est pas près de l'avoir –, un petit nœud papillon orange. Or, comme il portait aussi une cravate rouge et que devant lui il y avait un parterre de fleurs aux couleurs de la Hollande, on pouvait régler la mire sans problème...

Il s'agissait donc du mariage de Willem-Alexander avec sa jolie fiancée argentine, Máxima. On n'a pas assisté au mariage civil, qui n'eut pas lieu, nous précisa-t-on, à la mairie d'Amsterdam, mais à la Bourse de la ville. On ne sait pas quel était ce symbole de la Bourse...

L'essentiel du reportage fut assuré par Narcy. Stéphane Bern, lui, a juste eu le droit de traduire les prières et de citer vingt-sept fois la marque Valentino qui avait conçu la robe de la mariée. Ils vont vous faire une robe gratuitement ?

À un moment, Narcy a expliqué que le prince était dans la marine et que la future princesse avait déjà « un port royal », un cochon, un port de femme... Il voulait dire que « dans le port de c'te dame, y a un marin qui chante... ».

À côté de Narcy, il y avait Dave et, à l'autre bout, un copain de Dave, un jeune pasteur spécialiste de Barbra Streisand. À un moment, pendant un sermon interminable en néerlandais traduit par Stéphane Bern – c'est vous dire à quel point c'était passionnant –, Narcy, pour changer d'ambiance, demande à Dave : « Vous y êtes allé, vous, dans cette cathédrale ? » Et Dave répond : « Oui, enfin presque, moi j'étais assis devant avec mes copains et on fumait des pétards ! » Narcy : « Ah ! oui... Y a longtemps, y a prescription !... »

Premier incident pendant la sortie de la princesse de la Rolls qui l'amenait à la cathédrale. Les couturières chargées de sortir sa robe, qui avait une traîne interminable, étaient obligées de la plier comme un drap. Hop ! Elles pliaient – c'est tout juste si elles ne chantaient pas *Les lavandières du Portugal* ! –, mais là, instant dramatique, elles ont coincé la robe ! Et la princesse qui arborait un sourire radieux leur a soudain fait la gueule. Elle a murmuré un truc du genre : « Pauvres filles, quelles gourdes vous êtes ! Même pas capables de sortir une robe d'une voiture ! »

Un dais était tendu au-dessus de l'entrée de la cathédrale. C'était très élégant, sauf que c'était un hommage des pêcheurs de hareng de la Baltique, et que le dais était constitué d'un filet de pêche ramené le matin même avec le lichen, les crevettes et les bigorneaux qui tombaient sur les invités !... Ça devait sentir bon dans la cathédrale...

Il y avait des invités prestigieux : Nelson Mandela et son épouse qui avait amené sa serviette de table – pour ne pas l'oublier, elle se l'était nouée sur la tête... Stéphane a précisé que la princesse Mathilde de Belgique était habillée par Edouard Vermeulen. Et vous avez bien fait de le citer, car lorsqu'on parle mode, grands couturiers, on pense immédiatement à Edouard Vermeulen...

La France n'avait envoyé personne, aucun ministre, rien. Il y avait juste l'ambassadrice à La Haye, Anne Gazon-Secret. C'est pas *Gazon maudit*, c'est Gazon-Secret... Le frère du marié s'appelait Friso, et il y avait un personnage qui m'a mis en joie, monsieur Hans Klaus, un vieux avec l'Alzheimer qui ne se souvenait plus de ce qu'il faisait là. Stéphane disait : « Ah ! oui, il est très fatigué... » Faut dire que pendant tout la cérémonie religieuse l'autre se croyait au restaurant, il prenait le bouquin des cantiques et demandait à la dame qui allumait les cierges s'il restait de la truite aux amandes !...

Il y eut aussi un drame, quand ils ont échangé le « ja » nuptial. Narcy s'était tu pour qu'on entende bien le consentement, mais Stéphane s'est empressé de prendre la parole pour citer le nom des participants : « Et nous avons aussi la cousine de la princesse Gertrude, fraîchement ménopausée... » Du coup, à la place du « ja » on a entendu la voix de Stéphane : « Il y a aussi l'empereur du Japon... » Narcy a fait : « Chut... », et on n'a pas entendu le « ja » !

Pourtant, malgré la puérilité et l'anachronisme de cette cérémonie, il suffisait de regarder les yeux de Stéphane Bern pour voir un enfant... À cet instant, j'ai compris qu'il n'en a rien à faire de l'aristocratie, il réalise juste ses rêves d'enfant. Et c'est pour ça qu'on l'aime.

NORMAL, PARANORMAL

JANVIER 2002

J'ai regardé hier soir sur M6 *Normal, paranormal*. C'est toujours jubilatoire de voir à la télé des cinglés, des escrocs, des illuminés, et franchement on n'a pas été déçus !

Contrairement aux émissions habituelles sur le sujet, celle-ci a le mérite d'être honnête, puisqu'on fait venir sur le plateau un psychiatre intelligent et ouvert qui démonte les ficelles des sorciers de tous ordres avec finesse. Le présentateur vend son truc – c'est normal, c'est M6 –, mais on devine à son air amusé qu'il n'est pas dupe.

Hier, notamment, ils avaient invité en studio un voyant. Un téméraire qui, pour apparaître à la télévision, avait accepté de se livrer à une expérience de divination. L'animateur tenait trois enveloppes contenant chacune une photo, et le type devait, en se concentrant, trouver ce que représentait l'image contenue dans l'enveloppe.

Première enveloppe, le gars se concentre et dit : « Je vois une carte de France. » Ça, c'est classique, tous les voyants qui font des prédictions, notamment à partir des draps de Stéphane Bern, disent la même chose : « Je vois une carte de France. » Et, à ce moment précis, on entend le bruit d'une violente explosion. J'ai pensé : « Oh ! la vache, il s'est drôlement concentré le sorcier. » Mais on a vite compris à son air apeuré qu'il n'y était pour rien, puisqu'il tremblait en tenant l'enveloppe. Alors l'animateur l'a rassuré : « Ne vous inquiétez pas, ce n'est rien, juste une lampe qui a pété. » Est-ce cet incident qui déconcentra notre ami voyant ? Toujours est-il qu'il annonça : « Oui, je confirme, je vois une carte de France, un paysage... » L'animateur : « Bon, eh bien voyons ça. » Il ouvre l'enveloppe et, là, on voit apparaître un dessin du père Noël. Alors, le voyant essaie pathétiquement de sauver les apparences en disant : « Ah ! oui, j'avais bien vu du blanc, mais je ne savais pas ce que c'était... »

Deuxième enveloppe. Là, le voyant commence à se décomposer de peur. Il essaie de se concentrer et annonce en tremblant : « Euh... je vois un homme peigné en arrière, c'est ça ? » On ouvre l'enveloppe. Bon, c'était une photo du Sacré-Cœur. L'animateur qui veut être gentil : « Ah ! là, l'expérience n'est pas totalement concluante ! Mais il faut reconnaître que ce n'est pas facile... »

Troisième enveloppe. Le voyant : « Je vois de l'eau... de l'eau froide qui coule. » L'animateur ouvre l'enveloppe, c'était la photo d'un téléphone. J'ai cru que le voyant allait dire : « Ben oui, de l'eau, un téléphone, allô... allô... », mais il n'a pas osé.

À cet instant, je voudrais rappeler qu'une astrologue tapée – je ne dirai pas son nom par discrétion, appelons-la « la pouffe de Mitterrand » – avait quand même prédit en 1986 qu'on découvrirait l'année suivante un vaccin contre le sida. J'espère que tous les types qui depuis sont morts de cette maladie l'empêchent de dormir.

Puisqu'on parle de salopes, dans l'émission d'hier on a vu une sorcière, qu'on avait déjà vue chez Dechavanne, expliquer que c'est un métier qui exige beaucoup d'efforts. Elle dit : « Moi, j'ai été initiée en passant sept ans à genoux devant les marabouts africains, tous les jours sauf le dimanche. Et ensuite de nouveau sept ans d'initiation à genoux devant les féticheurs. » Donc, vous voyez, pour être sorcier, il y a des choses qu'il faut beaucoup pratiquer à genoux !...

Ensuite, on a eu droit à l'exorciste de service : l'évêque Schaffner qui a inventé l'Église galicane. Ne cherchez pas, c'est un courant religieux non reconnu par l'Église officielle, c'est lui tout seul : il s'est proclamé évêque ! Quant à l'église, c'est son salon dans lequel il a collé une croix au mur avec des guirlandes de Noël autour. C'est donc l'Église galiconne...

Il y avait aussi une dame qui venait se faire désenvoûter, parce que, disait-elle, on lui avait jeté un sort. Une autre femme, une méchante, lui avait piqué son fiancé qui était parti sans un mot. Parallèlement à ça, sa vieille mère de 92 ans était tombée malade. C'est vrai qu'un fiancé qui se tire et une vieille mère malade, ce sont des trucs qui n'arrivent que lorsqu'on est envoûté. Et en voyant la tête de la dame – qui a voulu garder l'anonymat –, on comprenait pourquoi l'autre s'était tiré !

Mais surtout on a vu cette femme, Bernadette, qui a gagné au Loto il y a une dizaine d'années grâce à son pendule qui marche à tous les coups. S'il marche à tous les coups, pourquoi tu gagnes pas à tous les coups, andouille ! D'ailleurs, l'équipe de l'émission a dû penser la même chose, car ils lui ont fait remplir une grille de Loto lors du reportage. Sur le plateau, en direct, l'animateur lui dit : « Dans l'équipe on y croyait, on avait déjà réservé des voyages, commandé des voitures de sport, mais il faut être honnête : vous n'avez trouvé aucun numéro. » Et Bernadette, sans se démonter, rétorque : « Oui, mais c'est parce que j'ai pas assez travaillé... » Un autre truc qu'elle n'a pas travaillé, c'est le bon goût. Chez elle, ça ressemblait à chez Orlando : un bouddha, des poulbots au mur, des coussins en panthère... Il ne manquait plus que le portrait de Dalida !

OCTOBRE 2002

Hier soir sur M6, dans *Normal, paranormal*, un témoin expliquait qu'il croyait à la voyance puisque, disait-il : « Mon voyant m'avait annoncé que je tomberais amoureux d'une femme. » Déjà, on se dit, c'est pas croyable, mais attendez la suite : « Et puis surtout, le voyant m'avait dit qu'elle serait brune et un peu plus jeune que moi. » Bon, quand on sait que la majorité des femmes sont brunes et que, dans la majorité des couples, la femme est plus jeune que l'homme, on comprenait que son voyant ne prenait pas beaucoup de risques. Et le gogo a continué : « Je ne savais pas qui était cette mystérieuse femme brune, lorsqu'un soir dans une discothèque j'ai vu une femme brune un peu plus jeune que moi. C'est incroyable ! » Ce qui est incroyable surtout, c'est qu'un type aussi con arrive à emballer en boîte !... Il raconte qu'il s'est marié avec la fille et, le voyant ayant été si perspicace, il retourne le voir. Et là, je vous jure que c'est vrai, le voyant lui dit : « Il n'est pas impossible que dans un temps relativement proche, disons d'ici à trois ans, il y ait une naissance. » Et l'autre andouille qui dit : « Et on a eu un bébé. Ça, je n'arrive pas à comprendre comment il a fait pour deviner ça, ça reste un mystère… » La profondeur de la connerie humaine reste aussi un mystère.

Ensuite, on a vu une sorcière qui réalise des philtres d'amour. Une de ses clientes témoignait : « Je fréquentais un homme assez coureur, je voulais savoir s'il y avait un moyen qu'il s'attache à moi. Je suis venue voir madame, qui m'a donné une substance magique que je devais déposer sur mon vagin avant le rapport sexuel. Eh bien depuis, cet homme est attaché à moi. » En fait, l'autre lui avait refilé de la Superglue 3 : depuis, le type est resté collé !

PARIS DERNIÈRE

MARS 2002

Un mot sur l'excellente émission de Frédéric Taddéi sur Paris Première, qui s'appelle *Paris Dernière*. C'est une visite de Paris *by night*, en caméra subjective. Et comme c'est produit par Thierry Ardisson, ça finit toujours par une partouze. L'émission d'avant-hier n'a pas échappé à la règle. Elle s'est terminée dans un appartement, où l'on voyait une dame sur un lit se faire prodiguer une petite gâterie par un monsieur. Frédéric Taddéi leur demande : « On est chez qui, là ? » Bon déjà, il aurait pu se rendre compte qu'il dérangeait, que c'était impoli. Et surtout qu'on n'en avait rien foutre de chez qui on était... On voulait juste mater un peu la scène !... « On est chez qui, là ? » Du coup le monsieur s'interrompt et répond : « Daniela. » La dame se redresse : « Mais non, pas du tout, on est chez Stéphanie ! » Le monsieur : « Ah ! pardon, vous avez demandé : "On est chez qui ?" Moi j'avais compris : "Vous léchez qui ?" »

À sa décharge – si je puis dire –, il avait une excuse pour ne pas avoir bien entendu, puisqu'il avait les jambes de la dame qui appuyaient sur ses oreilles !

PARLEZ-MOI D'HUMOUR

JANVIER 2002

J'ai regardé samedi soir sur France 2 l'émission *Parlez-moi d'humour*, présentée par Patrice Laffont et Cendrine Dominguez – oui, les deux de *Fort Boyard*. En plus, il y avait Élie Semoun et Georges Moustaki, le nain Passe-Partout et le père Fouras. Non, je plaisante. Bon – et là je vais baisser le ton pour ne pas qu'il m'entende – je ne sais pas si vous avez remarqué, mais, comme disait ma grand-mère, « Patrice Laffont a beaucoup baissé ces derniers temps ! »... Déjà il est frappé de surdité partielle, mais surtout papy a des absences, des moments où l'on sent que la connection ne se fait plus, où il devient – je sais, le mot est terrible – une sorte de Julien Lepers.

À un moment, il devait lancer une chanson d'Obispo, et on a senti que ses yeux partaient dans le vague, comme une embolie, un caillot, on ne sait pas. Il a dit : « Être père, c'est un moment particulier pour une femme. » Et voyant que tous les participants sur le canapé le regardaient tétanisés, il enchaîne : « Et pour un homme aussi... »

Je ne sais pas si vous avez remarqué, mais Patrice Laffont a une étrange façon de rire. Il hoche la tête en remontant le bout de son nez, on dirait un petit rongeur. Et comme il s'est fait tendre la peau du cou, dès qu'il remonte le nez, hop ! Il a soudain une barbe au menton !...

PIAT JEAN

FÉVRIER 2002

Jean Piat, votre présence dans ce studio est particulièrement émouvante pour un chroniqueur télé, puisque vous fûtes le héros d'une des plus grandes séries historiques de la télévision française, *Les Rois maudits*,. Une saga qui berça notre enfance, ce qui ne vous rajeunit pas. Vous y jouiez Robert d'Artois, vous étiez très beau, au point qu'après la diffusion de chaque épisode des *Rois maudits*, le samedi soir, nombre d'épouses pensaient à vous en fermant les yeux tandis que leurs époux les besognaient en ahanant.

D'ailleurs, le public du Studio 106 est exclusivement constitué de femmes qui connurent leur premier orgasme après vous avoir vu vêtu de ce pourpoint de laine, qui laissait apparaître une bosse du meilleur aloi...

Bref, toujours est-il que nous allons nous laisser aller à la nostalgie en réalisant aujourd'hui une adaptation radiophonique des *Rois maudits*, l'œuvre inoubliable de Maurice Druon – qui fut, je le rappelle, ministre de la Culture de Georges Pompidou, et laissa à ce ministère un souvenir au moins aussi puissant que monsieur Douste-Blazy…

Rappelons brièvement l'intrigue : le pape Clément V ordonne l'arrestation des Templiers, et le roi Philippe le Bel condamne à mort leur grand maître Jacques de Molay. Au moment où il est brûlé vif, le grand maître maudit les rois de France pour l'éternité – il n'y a qu'à voir aujourd'hui l'état de la comtesse de Paris pour comprendre à quel point la malédiction s'est réalisée !

Voilà. Il est temps de passer à notre grande reconstitution historique. Chacun jouera un rôle. Allons-y… Gentes dames et damoiseaux, voici Stéphane Bern dans *Les rois m'ont dit* !

Le narrateur résume l'intrigue :
— Lorsqu'elle fut brûlée vive sur le bûcher des vanités, la grande maîtresse Alexandra Bronkers a jeté un sort à Stéphane Bern par ces mots : « Ailleu ! Ça brûleu ! Dis-donc, toi, Stéphaneu Berneu, tu m'as fait virer de TF1, alors je te jette un sort : toi aussi, tu seras renvoyé sans indemnités et tu devras pour subsister signer des camemberts au Shopi de la rue des Martyrs !
— Ohhhhh ! [Cri d'effroi des autres.]
— Et ce n'est pas fini ! De plus, je te condamne à porter des costumes Dormeuil pendant ta vie entière, ainsi que la coiffure ridicule de Charles Trenet en 1936 ! Et

enfin, tu devras commencer toutes tes émissions en disant : « Les rois m'ont dit » !
— Ohhhhh ! [Cri d'effroi des autres.] »

Le narrateur :
— Eh oui, la malédiction était terrible !

Mais ce n'était pas tout, puisque le roi Cavada – plus connu sous le nom de Jean-Marie les longs discours – ajouta :
— Ce soir, dans *La Marche du siècle,* nous accueillerons le professeur Jacquard qui viendra nous parler de l'exclusion... Ah ! non, excusez-moi, je me suis trompé de fiche... Ah ! voilà... Alors... mon discours sera bref... Les antennes de Radio France sont comme les caravelles de Christophe Colomb qui, après avoir affronté des tempêtes, naviguent à présent sur des ondes plus favorables... Et lorsque du navire amiral *France Inter* on criera : "Terre !", alors...
— Excusez-moi, sire, mais c'est bientôt l'heure du *Jeu des 1 000 euros,* venons-en à la malédiction de Stéphane Bern.
— Eh bien, je te condamne à faire une émission de radio dans laquelle tu devras endurer les jeux de mots insupportables d'Eric Neuhoff !
— Oh ! non, majesté ! Par pitié ! Pas les jeux de mots d'Eric Neuhoff !
— Si ! Et de plus, dans la même émission, François Reynaert chantera de l'opérette !
— Oooohhh ! [Cri d'horreur des autres.]
— Si ! D'ailleurs, il va commencer à l'instant même en interprétant *Mexico* ! – Il s'exécute... –
— Oui, je sais, c'est insupportable... Et ce n'est pas fini : tu devras également avoir en permanence sous les yeux

les deux seins magnifiques de Muriel Cousin qui dardent fièrement sous son chemisier sans jamais avoir le droit d'y toucher !

— Ah ! bah, ça, ça me dérange pas ! dit Stéphane Bern.

— Et enfin, jusqu'à la fin des temps, tu devras fréquenter des "fin de race" qui empestent l'urine et rendre compte de leurs discours en commençant toutes tes émissions par "Les rois m'ont dit" !

— Les rois m'on dit ! crient les autres.

— Et puis, malédiction ultime, tu devras supporter trois fois par semaine un homme mince vêtu de noir qui te fâchera avec tout le monde et, à la fin de chacune de ses imprécations, tu devras dire : "Et on applaudit bien fort Guy Carlier !"

— Oui sire, tout de suite : "On applaudit bien fort Guy Carlier !" dit Stéphane Bern.

POPSTARS

SEPTEMBRE 2002

J'ai regardé *Popstars,* hier soir sur M6, avec son jury composé d'un trio d'enfoirés mondains à la solde d'une multinationale du disque, « Univers sale ». Il y a tout d'abord une parolière *has been* qu'on voyait écrire le texte de la chanson du futur groupe qui sortira de l'émission. Pour vous donner une opinion nuancée, le texte est… à chier. Elle fait rimer « jour » avec « toujours », c'est de la poésie de Prisu, de l'émotion frelatée avec des phrases du style : « On attend toujours… Ce qui arrive un jour. » Elle, elle n'attend plus rien. On la devine résignée. Elle a depuis longtemps perdu ses illusions : elle ne sera pas Roda-Gil, pas même Barbelivien… À un moment, une Beurette vient chanter devant le trio, et voilà la parolière *has been* qui demande aux deux autres : « Elle est plutôt arabe, non ? » Comme personne ne lui répond, elle conclut : « Oui, arabe… Arabe foncé ! »

Le deuxième juré est un maître danseur à la queue de cheval décolorée. Je parle des cheveux, pour le reste on peut pas savoir, il porte une coquille… À la queue de cheval décolorée, donc, mais aux racines noires, ce qui symbolise sa classe extrême, confirmée par un piercing sur la paupière gauche du meilleur goût, puisqu'il est constitué d'un fusible – vous savez, le petit cylindre en verre avec le fil de fer dedans. On dirait une fable : « Maître danseur, le plus con des jurés, portait en piercing un fusible… ».

Mais le plus fascinant est sans conteste le dernier juré. Ce type ressemble à un play-boy de camping municipal, un empâté à l'œil torve et à la lippe méprisante. Il dit aux candidats que « l'important, c'est d'être bien dans sa peau », et on voit son pied sous la table qui tremble nerveusement. On devine que ce type est angoissé à l'idée que la maison de disques qui l'emploie s'aperçoive qu'il est un imposteur et le vire sans indemnités !… Tiens, pour le coup, ça ferait une belle émission de *trash TV* : on suivrait le bellâtre adipeux dans ses entretiens d'embauche, on le verrait mentir sur son CV, flagorner les DRH qui le reçoivent avec sans cesse des gros plans sur son pied qui tremble…

Hier soir, dans *Popstars,* on a assisté aux premiers castings, et on a entendu dix fois, quinze fois, vingt fois la même chansons *I believe I can fly*... Et le danseur qui essaie de mettre à la suite quelques mots : « C'est pas l'âge qui est important, c'est la gestion de ce que tu as à donner comme artiste... » T'as raison ma poule : à la télévision c'est pareil, c'est pas le talent qui est important, c'est la gestion de ce que tu as à donner comme image !

OCTOBRE 2002

Je suis tombé sur *Popstars* et son jury des trois enfoirés, le play-boy de camping qui zozote, la parolière *has been* et le danseur blond aux racines noires avec son fusible en piercing – il a une queue de cheval, lui aussi doit aimer les stages naturistes à Mýkonos.

On sait que tout ça est scénarisé... Eh bien, figurez-vous qu'hier les producteurs avaient décidé de créer une engueulade bidon dans le jury, afin de prouver que ceux-ci avaient un cœur et pouvaient aussi pleurer ! Pour vous dire à quel point ces gens-là nous prennent pour des cons, on les voit s'éloigner pour s'engueuler, comme s'ils ne voulaient pas que cette scène soit filmée. Seulement, comme ils ont les micros, on entend parfaitement la dispute au cours de laquelle Valéry le torve engueule Mýkonos et lui reproche d'avoir été odieux avec une candidate. Il lui dit : « Je trouve que tu as zété dur avec zelle. » Et Mýkonos, qui est un être sensible, éclate en sanglots en disant : « Moi je me donne à fond, je me suis cassé le cul pour cette émission ! » Bon, ça on l'avait deviné... Finalement le torve s'excuse, l'autre : « C'est moi », l'autre : « Non, non, sur le scénario y avait écrit c'est moi ! », et l'autre : « Ah ! bon... »

Hier soir, à *Popstars*, les candidats attendaient que le jury ait fini de délibérer, une des candidates dit à ses copines : « Bon, ben si je suis éliminée, je n'ai plus qu'à aller vendre des kiwis à Auchan », et les autres ont éclaté de rire.

Alors ma poule, je voudrais te dire, qu'il y a plus de dignité chez certaines caissières à Auchan que chez les pauvres filles qui vendent leur âme au diable et se font bafouer dans un jeu racoleur.

Sache qu'en plus, quand tu seras éliminée de *Popstar*, tu ne seras même pas vendeuse à Auchan, tu sera une môme paumée avec des rêves perdus.

PUBLICITÉS TÉLÉVISÉES

AVRIL 2002

Détendons-nous un instant avec une nouvelle publicité, le genre qui passe juste avant *Des chiffres et des lettres*, Norwich Union ou bien Bernadette Lafont qui, grâce à sa colle à dentier Polydent, peut monter dans un manège avec ses petits-enfants sans craindre que ses fausses dents restent plantées dans la pomme d'amour…

Pour cette nouvelle pub, c'est Micheline Dax qui s'y est collée. Le produit concerné est une baignoire qu'on ouvre pour y entrer, une baignoire avec une porte… On voit Micheline Dax vêtue d'une sorte de longue tunique à la Cléopâtre, et cette image de Micheline avant le bain a quelque chose de surréaliste. Le truc, c'est qu'on la voit entrer dans sa baignoire, et on voit ses jambes en gros plan un quart de seconde : elle a les jambes d'Adriana Karembeu ! Seulement après, dans le plan large dans l'eau, ils ont été obligés de laisser les genoux de Micheline…

JUIN 2002

Je voudrais vous raconter la nouvelle pub La Croix-WC-Gel à la Javel. C'est Annie Cordy qui remplace Marthe Mercadier. On la voit arriver comme une furie chez sa petite-fille, elle entre sans frapper en hurlant : « Julie ? » Bon, Julie était dans les cabinets, car son petit frère avait fait pipi par terre… Annie Cordy entre dans les toilettes comme une folle, manque de glisser et de se casser le col du fémur, puis s'exclame : « Ah ! mais y a eu un raz de marée, ici ! » Et hop ! elle sort de son sac à main une bouteille de La Croix-WC-Javel, et là on s'aperçoit qu'elle n'a rien d'autre dans son sac à main. C'est-à-dire qu'Annie Cordy se balade avec un sac à main contenant uniquement une bouteille de La Croix-WC ! C'est terrible de vieillir !

OCTOBRE 2002

Hier, j'ai vu à la télé une publicité terrifiante, celle de la nouvelle culotte absorbante *discrète de Téna.*

Je vous raconte : On y voit une dame d'âge mûr se préparer à sortir et comme le font les adolescentes toutes excitées à l'idée de rencontrer un garçon, chercher la bonne robe dans l'armoire.

Elle se regarde dans la glace en posant chaque robe sur elle, puis la jette sur le lit en riant. Bref, on dirait Sylvie Vartan chantant la plus belle pour aller danser. Mais Sylvie Vartan, aujourd'hui.

Soudain, pendant que la dame virevolte devant sa glace, on entend sa voix *off* qui dit : « Avant, quand j'utilisais des couches normales pour mes problèmes de fuites, c'était pas vraiment ça. Maintenant avec ma culotte absorbante *discrète de Téna*, je suis en sécurité. »

Et là, on voit la dame prendre dans l'armoire une culotte dans une pile à côté de celle des pulls.

Dans le plan suivant, tourné dans Paris la nuit, elle court au ralenti en tenant un homme par la main. Visiblement elle a dragué le type en boîte, ils sont heureux et essoufflés d'avoir couru, ils finissent par se serrer l'un contre l'autre.

Là, on ne peut pas s'empêcher d'imaginer la suite avec terreur.

Le monsieur va faire ce que nous avons tous fait quand nous emballions en boîte : il va tenter de glisser la main. Je vous laisse imaginer la surprise, parce que la culotte n'a pas arrêté d'absorber pendant toute la soirée et les vodka orange, ça donne envie.

Ce qui est surprenant, c'est que Téna fait également de la publicité pour la *Libra*, une couche qui capture l'odeur nous dit le slogan. Et au cas où l'on n'aurait pas bien compris, on voit une fermeture éclair sur la couche qui s'ouvre, l'odeur représentée par des traits qui ondulent entre dans la couche et le zip se referme.

Alors je voudrais dire à Monsieur Téna, que ce serait bien s'il faisait un mix des deux, une absorbante qui enferme les odeurs.

OCTOBRE 2002 (II)

Hier soir, j'ai vu à la télé une publicité incroyable pour un disque de chants grégoriens. On entend une voix sévère avec beaucoup d'écho qui dit : « Grégorian, les maîtres du chant, un nouveau chapitre s'ajoute à l'histoire ». Ah la vache, ça rigole pas, on se dit, ils ont retrouvé des vieilles partitions enluminées dans une crypte, et on entend en fond sonore les voix des moines dans la réverbération d'une église, mais on est soudain moins impressionné par les voix sacrées lorsqu'on les entend chanter : « Comme un ouragan » de Stéphanie de Monaco ! À mon avis, ce sont les moines qui fabriquent la Chartreuse, qui ont un peu trop goûté la nouvelle cuvée, en tous cas, si l'une de vos relations vous offre un disque de moines chantant « Comme un ouragan » façon chant grégorien, vous saurez que votre ami possède définitivement un goût de chiottes.

QUESTIONS AU GOUVERNEMENT

SEPTEMBRE 2002

J'ai regardé, hier après-midi, sur France 3, la rentrée à l'Assemblée nationale. Comme j'avais allumé la télé en avance, j'ai patiemment attendu 15 heures en regardant les publicités gériatriques de l'après-midi, espérant tomber sur ma préférée, celle où Jean Lefèbvre monte le journal à son épouse qui glande au 1er étage, grâce au fauteuil électrique fixé à la rampe d'escalier.

Imaginez ma déception en constatant que la société Derby, qui commercialise ces fauteuils électriques, diffuse un nouveau spot publicitaire. À la place de Jean Lefèbvre, on voit une *executive-woman* débordée, vivant sa journée à cent à l'heure, comme les femmes Barbara Gould. Le soir, elle quitte son bureau de cadre supérieure, saute dans sa voiture et lorsqu'elle arrive chez elle, son mari l'attend, assis en haut des escaliers, en souriant bêtement.

Et voilà notre Barbara Gould, alors qu'elle a couru toute la journée, qui pour monter un étage dans sa maison Phénix, prend le fauteuil électrique.

À cet instant, heureusement que le spot s'arrête parce que je vous laisse imaginer la suite. Quand le fauteuil va arriver là-haut, où je vous le rappelle, l'autre andouille l'attend en souriant comme un pauvre con au chômage qu'il est, en plus c'est une feignasse, il aurait pu au moins mettre la table. C'est une feignasse et un vrai con, car quand le fauteuil électrique portant sa femme va arriver en haut de l'escalier, il va lui broyer inexorablement les jambes.

Et c'est là que j'ai compris le sens caché de cette publicité, Madame si vous avez des faiblesses dans les jambes, achetez un fauteuil Derby, demandez à votre conjoint de vous attendre assis en haut des escaliers et comme ça, lui non plus n'aura plus de jambes.

Après ce chef-d'œuvre publicitaire vint enfin l'Assemblée nationale. Comme l'ambiance était un peu solennelle, Monsieur Ménanchon décida d'entrée de nous faire rire.

Non, Ménanchon n'est pas l'un des gendarmes de Saint-Tropez, c'est le leader de la nouvelle gauche, il a appelé ça « Le Nouveau Monde », et il en a fait le discours fondateur dimanche dernier. Remarquez, ce discours fût digne d'un gendarme de Saint-Tropez puisque le passage le plus épique, qui rappelait Malraux accueillant les cendres de Jean Moulin au Panthéon, fut celui où il déclara : « Nous ne serons pas des ni-ni, naf-naf, nouf-nouf.»

Gabriel Péri exaltait les lendemains qui chantent.

Mendés France évoquait le souffle de l'avenir sur les braises du passé.

Ménanchon restera l'homme qui a déclaré : « ni-ni, naf-naf, nouf-nouf ».

Pour ne pas être en reste, Jean-Louis Debré avait d'entrée décidé de décrisper l'Assemblée. Il ouvre la séance en disant : « Je déclare ouverte la session 2002-2003, l'ordre du jour appelle les questions au gouvernement... »

Et là, la panique. Il ne trouve plus le dossier avec la liste des intervenants, on le voit chercher sur le bureau, regarder à droite et à gauche, non, à droite et à droite, et il commence à improviser : « Euh, la première question est posée par... » puis il se retourne vers l'huissier le micro ouvert, et lui demande : « Dites donc, vous n'avez pas la liste des questions vous ? » L'autre lui répond : « Elle est devant vous. »

Rappelons que pendant ce temps-là l'Assemblée au grand complet attend.

Debré : « Mais non j'les ai pas. » Alors, l'huissier, excédé se déplace et lui montre le dossier qui était effectivement sur le bureau mais à gauche, c'est pourquoi il n'avait pas regardé par là.

Autre chose, est-ce que quelqu'un pourrait expliquer à Monsieur Debré l'usage du verbe « impartir », parce qu'hier, quand un député était trop long, Debré lui disait : « Monsieur Estrosy votre temps est imparti », en voulant lui signifier qu'il avait dépassé le temps autorisé. Du coup, l'autre croyait qu'on l'encourageait à ralentir il répondit : « Je sais Monsieur le Président que mon temps est imparti » et il continuait en prenant tout son temps.

À propos de Monsieur Estrosy, on peut lui décerner la palme du fayotage, puisqu'il a commencé sa question au gouvernement en disant « Je voudrais saluer l'action de Monsieur Sarkozy » puis il se met à lui trousser des louanges interminables, au point que Sarkozy lui-même hochait la tête. On devinait qu'il pensait : « Mais quel con, il en fait trop. » C'était tellement caricatural que Jean-Louis Debré l'a interrompu en disant : « Posez votre question Monsieur Estrosy », et l'autre a demandé à Sarkozy s'il allait continuer à être aussi extraordinaire.

N'oubliez pas ce nom Christian Estrosy, au bal des fayots, il dirigera l'orchestre.

Depuis que nous sommes de droite, nous allons d'émerveillement en émerveillement. Hier encore j'ai eu une divine surprise : regardant à la télévision la séance du Sénat consacrée aux questions au gouvernement, j'ai découvert un nouvel ami de droite, le président du Sénat, monsieur Christian Poncelet. Je ne sais pas si vous le connaissez, c'est le deuxième personnage de l'État. C'est-à-dire que vous avez en premier Juppé, et juste après Christian Poncelet ! Lorsqu'on voit cet homme, on se demande comment on a pu être de gauche avant... Poncelet, c'est l'enthousiasme, l'audace, avec cette classe insolente des héros romantiques... Poncelet, c'est le souffle de l'histoire qui caresse nos nuques, Poncelet c'est un intrépide, un téméraire, un exalté, c'est Bonaparte à Arcole, Poncelet c'est mon avenir, c'est mon Amérique à moi – « même s'il est trop bien pour moi », comme dit son cousin Pasqua.

Notre nouvel ami Christian est donc président du Sénat. Tout d'abord, un peu de pédagogie. En quelques chiffres, le Sénat, c'est 321 sénateurs élus par les grands électeurs – non, vous n'en faites pas partie, vous ! –, 321 sénateurs élus pour neuf ans – oui, comme Jean-Marie Cavada à la tête de Radio France. Le Sénat, c'est une moyenne d'âge de 77 ans, comme Jean-Marie... non, je plaisante ! Le Sénat, c'est 132 projets de lois examinés par session, 268 questions au gouvernement, mais c'est aussi 132 prostates en moins, 17 anus artificiels, 86 « Audiozoom » de Phonax, une consommation de 835 paquets de couches Confiance « modèle Eddie

Barclay », 360 tubes de colle à dentier Polydent « modèle Bernadette Lafont » et, comme à l'Assemblée nationale, une buvette qui peut servir jusqu'à 87 litres de verveine les jours de grande activité – c'est-à-dire lorsque les sénateurs sont en séance plus de quarante minutes !

Sur le plan vestimentaire, le Sénat ressemble à un défilé Dormeuil. De la même façon que Versace fait défiler de jeunes mannequins au cheveux peroxydés, Dormeuil fait défiler les sénateurs. Et eux aussi ont teint leurs cheveux avec un rinçage blanc à reflets bleus…

À la tête de ce char de l'État – que dis-je, à la tête de la « Ferrari de la France » –, notre nouvel ami Christian Poncelet. Physiquement, il ressemble un peu à Raffarin, notre maître. C'est-à-dire qu'on dirait un manager de boxe, le type dans le coin qui enlève le protège-dents et qui dit : « Vas-y petit, et soigne ton gauche ! » Cela dit, à la réflexion, Raffarin et Poncelet disent plutôt : « Vas-y petit, soigne ta droite ! » Poncelet et Raffarin ont aussi en commun cette allure magnifique, cette façon de se tenir comme s'ils étaient en permanence accrochés à un porte-manteau…

À la séance d'ouverture du Sénat, hier, vingt-cinq ministres ou secrétaires d'État étaient présents, ce qui prouve l'importance que le gouvernement attache à la noble assemblée. En revanche, dans l'hémicycle il y avait tout au plus une douzaine de sénateurs, ce qui prouve l'importance que les sénateurs attachent à *Derrick*, diffusé à la même heure ! La séance commence. Monsieur Poncelet s'installe, va pour lancer la séance, mais il est obligé d'attendre… Car, soudain, on entend siffler dans tous les coins. Ce sont les Sonotone qui font du larsen… Vous imaginez 86 « Audiozoom » dont les fréquences interfèrent et se mettent à siffler au même moment ! Ça « larsennait » tellement que j'ai cru qu'ils diffusaient un concert de Jimi Hendrix !

Une fois que chacun a eu réglé sa prothèse auditive, monsieur Christian Poncelet a fini par lancer la séance. Il a le même tic de langage que ma concierge, un problème avec les finales des mots. Par exemple, il dit « miniss » au lieu de « ministre ». Il a donc ouvert la séance en disant : « Monsieur l' Premier miniss, mesdames messieurs les miniss… » Quand, soudain, un sénateur de gauche fait du chahut. Et je vous jure que c'est vrai, Poncelet s'interrompt et dit en le désignant aux huissiers : « Comment il s'appelle, lui, celui qui parle toujours… ? » Oui, monsieur Poncelet a un côté surveillant général… Et puis surtout, il a une obsession : le temps des questions des sénateurs et des réponses du gouvernement… Le thème dominant de son discours d'ouverture de cette législature a été de rappeler avec insistance que les questions ne devaient pas excéder deux minutes trente, et les réponses le même temps.

D'entrée, il a donné la parole à un nouvel ami de droite, retenez son nom : Henri de Raincourt, des Républicains indépendants. Les Républicains indépendants, je ne savais pas que ça existait encore. C'est vous dire si les sénateurs sont vieux : ils sont affiliés à des partis politiques qui ont disparu ! Il paraît qu'il existe encore au Sénat quelques sénateurs SFIO, et même un ou deux qui demandent avec insistance la démission de Vincent Auriol ! Donc, Henri de Raincourt pose sa question qui concernait l'éventualité d'une guerre contre l'Irak.

Et c'est là que j'ai compris ce que signifiait l'expression « un train de sénateur ». Il articulait parfaitement et mettait une seconde entre chaque syllabe ! Une fois la question posée, Christian Poncelet frappe avec son marteau et annonce le temps qu'a duré la question – comme s'il s'agissait d'une performance sportive. Ça a donné : « Henri de Raincourt, deux minutes vingt et une, temps respecté ! » Le type pose une question sur la possible guerre en Irak, le truc qui nous angoisse tous, et Poncelet, la seule chose qui le préoccupe, c'est la durée de la question ! Là, il était tout joyeux, parce que ça n'avait pris que deux minutes vingt et une !

Finalement, le bonheur à droite, c'est simple comme une chanson de Carlos : deux minutes vingt et une de bonheur !

QUESTIONS POUR UN CHAMPION

OCTOBRE 2002

Aujourd'hui le journal Le Parisien nous annonce une terrible nouvelle : « Des bouleversements vont intervenir prochainement à *Questions pour un champion.*"

Affolé par ce titre, j'ai lu l'article qui suivait et depuis, tout mon être n'est que souffrance. Et oui, vous avez devant vous 60 kilos de souffrance pure. D'ailleurs je crois que je vais entamer une grève de la faim, et on verra bien si les producteurs de questions pour un champion ne vont pas renoncer à leur sinistre projet lorsqu'ils me verront commencer à dépérir... dans trois ans !

Des bouleversements à *Questions pour un champion* !

Voici l'article : « Le producteur de l'émission, Alain Ranger explique que le jeu avait besoin d'être dépoussiéré. Si nous voulons dit-il, continuer de plaire à notre cœur de cible, les ménagères de plus de 85 ans, nous voulons également attirer les jeunes (c'est-à-dire les 75-85 ans), pour éviter que *Questions pour un champion* ne s'atrophie. »

Et voici le plus terrible : « Dorénavant Julien Lepers portera des vêtements plus modernes, les coupes de ses vestes seront plus jeunes et ses cravates moins voyantes, mais en plus d'une styliste, j'ai également recruté un auteur pour écrire les textes de Julien Lepers, car dit-il 13 ans d'antenne, c'est aussi 13 ans de tics. »

La nouvelle est accablante. Julien Lepers ne s'habillera plus jamais comme Bozo le clown et parlera dorénavant comme un être humain normal.

Coller un auteur à Julien Lepers, mais c'est un crime. C'est la connerie qu'on assassine.

À moins qu'il y ait derrière tout ça une arrière-pensée politique.

À moins que le pouvoir chiraquien continue sa reprise en main de la télévision. Après s'être attaqué à *Pyramides,* voilà qu'il s'en prend maintenant à *Questions pour un champion,* et c'est pas fini, il paraît même que *le Jour du Seigneur* est menacé.

Vous avez compris que derrière tout ça, il y a une volonté de la droite au pouvoir, de reprendre en main la vieillesse.

Il est vrai qu'il existe un véritable problème avec les vieux, qui vivent la plupart du temps dans des zones de non droit. J'en connais une à côté de chez moi, ça s'appelle la maison de retraite les *Myosotis*, personne n'y met jamais les pieds, même les enfants des vieux n'y vont jamais.

La violence est y permanente, les rixes sont quotidiennes, ça commence bien souvent pour un rien, un vieux qui s'assied dans la chaise d'un autre dans la salle télé pour regarder *les Feux de l'amour*, le ton monte, « mais madame, c'est ma chaise », « mais j'étais là avant vous », et ces trafics, « t'as reçu d'la colle à dentier ? », « ouais j'en ai d'la bonne », « tiens j'ai un audiozoom de phonax tombé du camion », et puis il y a le drame des tournantes.

Les tournantes, ce sont ces vieilles femmes, que les joueurs de cartes entraînent en disant : « Madame Mado, vous faites la quatrième à la belote », au début, elles essaient bien de résister en disant : « Euh non je ne sais pas, j'ai pas trop envie. »

Devant l'insistance des garçons, elles finissent généralement par céder et après ils se la repassent de table en table, on les entend dire : « tiens les gars, si vous avez besoin d'une quatrième, prenez Madame Mado ».

Sérieusement, Monsieur Alain Ranger, producteur de *Questions pour un champion*, n'a rien compris. Le public jeune regardait Julien Lepers au second degré et ne regardera jamais un question pour un champion aseptisé, si on n'entend plus jamais notre ami Julien partir en vrille avec sa joie enfantine, et ces moments d'enthousiasme où il pétait les plombs.

D'autre part, qu'est-ce que ça veut dire, des vêtements dans l'air du temps. Il est vrai que Julien aime à porter des vestes jaunes et des cravates rouges. Mais comment feront désormais les réparateurs télé pour régler les couleurs, s'ils n'ont plus Julien comme mire ?

ROUX Guy

MARS 2002

Hier, j'ai voulu regarder le foot mais, en raison de fortes pluies, l'arbitre a interrompu la rencontre vers 22 heures. L'heure est importante car, lorsqu'un reporter a demandé à chaud à Guy Roux s'il pensait que le match allait reprendre, notre ami a eu cette réponse magnifique : « Ben oui, si le soleil revient, y a pas de raison ! »

RUQUIER Laurent

MARS 2002

J'ai regardé *On a tout essayé*, l'émission de Laurent Ruquier. Comme d'habitude, Maureen Dor a sorti trois lieux communs politiquement corrects en faisant des effets avec ses yeux. Bon, pas de chance, c'était aussi un jour avec Isabelle Alonso… Mais, contrairement à Maureen Dor, Alonso est utile, notamment si votre enfant refuse d'aller chez l'orthodontiste. Vous lui montrez Isabelle Alonso et vous lui dites : « Voilà ce qui t'arrivera si tu ne portes pas ton appareil ! »

Un des sujets de l'émission évoquait la musique sur laquelle Chirac a fait son entrée dans ses meetings de campagne, les *Chariots de feu* de Vangelis, qui date des années 1980. Du coup, Ruquier et sa bande ont ricané en disant : « Oh ! la musique ringarde, c'est vieux, c'est naze, c'est à chier... » Et c'est vrai que ces gens-là ont un goût d'avant-garde en matière musicale, surtout lorsqu'on écoute le générique de l'émission de Ruquier qui évoque irrésistiblement l'émission *Aujourd'hui madame* ! En fait, c'est l'ancien générique de William Leymergie sur Inter, dans *Les Maudits Mots de midi*, générique que Leymergie a abandonné en 1997 en le trouvant... vieillot ! C'est vous dire s'ils ont perdu une occasion de se taire...

Pour en revenir à Chirac, depuis cette émission, ils ont changé la musique d'entrée — sous l'impulsion, nous a-t-on dit, des jeunes RPR. Déjà, un jeune RPR, rien que l'idée est vertigineuse !... Donc, sur l'impulsion des jeunes RPR, désormais Jacques Chirac fera son entrée sur un morceau de Daft Punk !

SAGAS

SEPTEMBRE 2002

Cet été, *Sagas* a fait un carton. Stéphane Bern a abandonné son traditionnel décor de bateau virtuel pour un décor estival : il présente devant une piscine, et il porte la tenue que tout le monde porte à la piscine en été, c'est-à-dire un costume blanc avec gilet boutonné et chemise à col cassé – c'est bien simple, on dirait un banquier panaméen ! On s'attend à ce qu'il se mette à chanter : « Je suis brésilien, j'ai de l'or... » Mais, outre sa drôlerie, *Sagas* est une émission passionnante...

Tiens, à propos : vous avez fait un sujet sur Dormeuil – surtout vous gênez pas ! –, du coup j'imagine que vous êtes habillé jusqu'à la vingt-troisième génération ! Le reportage disait : « Héritier d'une famille de tailleurs depuis plusieurs générations, Dominique Dormeuil habille les chefs d'État et les patrons d'entreprises. Dominique Dormeuil nous reçoit à Londres et nous raconte sa saga familiale... »

Sinon, comme chaque été, on a eu droit à des reportages toujours aussi passionnants, notamment sur une vieille pouffe américaine richissime, dont on nous disait : « Malgré sa fortune, elle travaille beaucoup. Sa journée est chargée : elle commence par nager, puis elle reçoit les décorateurs... Elle sait ce qu'elle veut, et tient à s'occuper elle-même de ses chevaux... » En fait, on la voit qui arrive dans les écuries, on voit trois employés mexicains payés au black qui se cachent derrière le boxe, et elle qui met du vernis à ongles doré sur les sabots des chevaux ! Redford a fait un film qui s'appelait *L'homme qui murmurait à l'oreille des chevaux*, Stéphane Bern nous a montré « la vieille qui mettait du vernis à ongles aux chevaux » !

J'ai aussi vu un reportage sur Jean-Pierre Foucault. La voix *off* disait : « C'est grâce à ses attentions romantiques que Jean-Pierre a séduit Évelyne, sa femme. » Et on le voit qui arrive chez lui et offre des fleurs à sa femme. Elle fait : « Oh ! quelle surprise ! Comme c'est gentil ! », alors que l'assistant lui a fixé le micro...

Ils ont fait la même chose avec Sophie Thalmann : ils frappent et lui offrent des roses. L'autre : « Oh ! non, c'est pas vrai ! », alors qu'elle a le micro accroché ! En plus, chez Sophie Thalmann c'est comme dans son cerveau, c'est petit, sans imagination et sans la moindre idée. Ah ! si, il y en a une, et du meilleur goût : elle collectionne tout ce qui a un rapport avec les vaches. Chez elle tout est en vache, comme chez Yvette Horner tout est en accordéon !

Dans un autre numéro de *Sagas*, Nikos de *Star Academy* nous a dit : « Venez, je vais vous montrer ma graisse... » Et comme ce jour-là – c'était un concept –, on a vu un reportage sur le mariage traditionnel de Carlos à Tahiti, sur la plage, au son du tamouré... La coutume veut que les mariés soient assis sur des trônes fixés sur un petit plancher, porté par quatre vigoureux Tahitiens, deux de chaque côté. Bon, ils ont tiré à la courte-paille pour savoir lesquels porteraient le trône côté Carlos, et on a vu les deux perdants pâlir... Ils avaient raison : on les voit compter, et « à quatre, on soulève ! ». La première tentative a échoué : les deux du côté de madame Carlos soulevaient le plancher sans effort, mais les deux autres restaient plantés dans le sable. Donc, le plancher a penché et les deux trônes ont glissé... et les deux types se sont pris Carlos et sa femme sur la tronche !

La deuxième tentative fut meilleure. Ils parvinrent à soulever les trônes, mais la poutre qui soutenait le plancher de leur côté s'enfonça dans leurs épaules, creusant un sillon sanglant jusqu'à la clavicule ! Mais le Tahitien est digne et, au prix d'un effort surhumain, ils portèrent en titubant les mariés pendant quelques mètres... Puis, après les avoir reposés, ils s'évanouirent de douleur !

SARKOSY CÉCILIA-HÉLÉNA

DÉCEMBRE 2002

Hier, j'ai regardé sur France 2 l'émission consacrée à Héléna... Cécilia Sarkosy. Madame Sarkosy, à qui hier soir, France 2 a consacré un reportage signé Véronique de Sainte Olive.

Je ne connais pas cette journaliste, probablement qu'elle était à l'étranger, en Corée du Nord ou en Roumanie. Sérieusement je pense qu'elle a dû faire ses études de journalisme à Bucarest dans les années 80 puisque son reportage ressemblait aux hagiographies que la télé roumaine consacrait à Héléna Ceaucescu.

Cécilia Sarkosy. On nous a expliqué que c'était l'ancienne femme de Jacques Martin, moi je m'attendais à voir arriver Danielle Evenou avec son poireau, en plus *Marie Pervenche*, une contractuelle, c'était normal pour le ministre de l'Intérieur, mais non, c'est une autre ancienne femme de Jacques Martin, Cécilia donc.

La caméra l'a suivi pendant trois semaines avec un commentaire en voix *off*. Et le sujet commence comme ça : « Au ministère de l'Intérieur son bureau est mitoyen de celui de son mari. » Là, la caméra la suit et elle entre dans le bureau du ministre « sans frapper » nous précise la voix *off*.

Manque de pot, elle aurait dû frapper, vu que Sarkosy est en train de se goinfrer de barres chocolatées, il en a plein la bouche et on voit les miettes de chocolat tomber sur son bureau et moucheter les arrêtés d'expulsion.

Apercevant la caméra qui suit son épouse, Sarkosy lui dit : « Tu as vu cet excellent sondage ? » et ensuite, hypocrite, il ajoute : « Non ne filmez pas cet article qui dit que je suis le héros du gouvernement. »

Séquence suivante, la voix *off* nous dit : « Pour Cécilia et Nicolas, il n'y a pas de frontière entre vie publique et vie privée, pas plus que pour Louis leur fils. Les bureaux de ses parents font partie de son univers et il bouscule le protocole » et là, on voit le gamin qui joue sur l'ordinateur du chef de cabinet, tandis qu'on aperçoit en arrière-plan dans le bureau à côté, Sarkosy en train de consommer avec avidité un Flamby ou une crème caramel du même genre. Le gamin joue avec l'ordinateur du chef de cabinet, on le voit tourner sur le fauteuil pivotant quand soudain, il s'arrête, pousse très fort avec difficulté et finit par exhaler un pet libérateur qui le fait sourire d'aise ; c'est alors que ça se met à sonner, a-t-il déclenché un truc secret défense, du genre l'écran qui clignote en rouge avec écrit, « vous avez décidé de lancer des missiles de croisière sur la Russie, confirmez en tapant O », Sarkosy qui avait terminé sa crème, entend la sonnerie et appelle son fils, mais lui il est bien à tourner sur le fauteuil en pétant, du coup, c'est le chef de cabinet qui le prend dans ses bras en évitant de respirer et qui le pose dans le bureau de son père ; le gamin se met à courir vers le bureau, je rappelle que nous parlons du ministre de l'Intérieur, le petit Louis, entre dans le bureau et le premier truc qu'il demande à son père, c'est : « Papa donne moi un chocolat » tout en fouillant à l'endroit où il pense que son père les cache. Seulement y'en avait plus, il avait tout mangé Sarko, alors le gamin déçu commence à s'ennuyer et gribouille sur les arrêtés d'expulsion plein de miettes de Bounty, pendant que le téléphone sonne, c'était Raffarin.

Je vous laisse imaginer la scène. Pour pas que Raffarin entende les cris du petit Louis qui réclamait du chocolat, Sarkosy se lève, et en écoutant le premier ministre, nettoie, avec sa langue, les interstices dentaires bouchés par les Mars. Pendant ce temps-là, le gamin sur le bureau gribouille, et la voix *off* de la journaliste dit, « au milieu des allées et venues de son fils, Nicolas Sarkosy annonce au Premier Ministre l'arrestation de dangereux terroristes. »

À cet instant, Cécilia entre sans frapper, évidemment, voit la scène, et essaie d'arracher le gamin au fauteuil, pendant que Nicolas téléphone au Premier Ministre, et que le petit Louis montre les arrêtés d'expulsion en disant : « Maman t'as vu j'ai signé Sarkosy. »

Ensuite on voit Indy, le labrador des Sarkosy, donner un coup de museau dans la porte et entrer à son tour dans le bureau ministériel, il va fouiller dans le tiroir à chocolats, et là, je vous jure que c'est vrai, la voix *off* nous dit : « Comme chaque lundi matin, Indy le labrador est à l'heure, car Nicolas Sarkosy ne tolère aucun retard de ses collaborateurs. »

Ce magnifique reportage s'achève sur cette conclusion de Véronique de Sainte Olive : « Énergie, amour et ambition mêlées, Nicolas et Cécilia suivent leur route. »

À ce moment-là, j'avais envie d'ajouter : « Flagornerie, amour et ambition mêlées Véronique de Sainte Olive poursuit sa route. »

SEVRAN PASCAL

JANVIER 2002

Le soldat a besoin de fantasmer ? Envoyons-lui des chanteuses qui l'excitent ! Mais, sans vouloir être désagréable, pas celles qui passent chez Pascal Sevran, parce que Josy Andrieu, Françoise Bayer ou Lucienne Troca…

À propos, j'ai regardé sa nouvelle émission dimanche, c'est très différent de *La Chance aux chansons* : le décor était fuchsia, et celui-ci est jaune poussin !

Pour résumer cette émission dominicale, c'est du rap sans concession. Il faut que je vous explique : notre ami Pascal Sevran a entendu dire que la tendance musicale actuelle était au hip-hop, mais, comme on lui a parlé du côté de sa mauvaise oreille, il a compris « hula hop ». Voilà pourquoi, dans ses émissions, on voit des danseuses faisant tourner des cerceaux sur leur hanches !

Non, sérieusement, dimanche dernier, Serge Lama a comparé cette émission à *Discorama* de Denise Glaser. Et ça lui a fait plaisir, à Sevran. Il disait : « C'est vrai, c'était à la même heure... » Et c'est vrai que son émission ressemble à *Discorama*... Bon, au lieu du décor noir et blanc minimaliste, le sien est jaune poussin et aussi chargé que l'haleine de Demis Roussos. Comme invitée, au lieu de Barbara qui chante *Nantes*, on a eu droit la dernière fois à Chantal Goya qui chantait *Bécassine c'est ma cousine* en anglais... Le problème, c'est qu'elle continue à chanter en faisant sa chorégraphie enfantine. Mais à la fin de la chanson, j'ai cru que Sevran allait être obligé de la mettre sous oxygène ! Elle arrive près de lui : « Ahh... C'est plus... ahhh... d' mon âge... Hurqu... hurqu... » Et là, il lui balance le coup de grâce : « Eh bien dites-moi, ma petite fille, la chanson, ça conserve longtemps ! »

Moi, j'aime bien quand Pascal Sevran balance. Un jour, il reçoit Jeanne Manson. Bon, voilà qu'elle se met à chanter en anglais de la *country music* américaine. Du coup, ça nous a énervés... Il lui dit : « Ma p'tite fille, vous auriez pu être meneuse de revue au Moulin-Rouge ! Tant pis pour vous si vous préférez chanter du *folksong* ! Et faut être jolie comme vous pour s'habiller comme vous le faites !... »

Mais les vannes préférées de Pascal, c'est quand les chanteuses refusent de venir dans ses émissions. Le jour où Sylvie Vartan a refusé de venir, il a balancé à l'antenne : « C'est dommage qu'elle ne veuille pas venir, Sylvie, parce que moi je l'aime bien, elle me rappelle mes 15 ans... » Et lorsque Céline Dion n'est pas venue, il a rappelé qu'elle avait fait sa première télé chez lui, en précisant : « À l'époque, elle avait un visage ingrat, mais elle chantait déjà très bien ! » Mais surtout, je ne m'en lasse pas, il a annoncé fin 1999 la « révélation de l'année », celui à qui il prédisait une carrière de star, j'ai nommé… Frédéric Schnoup !

STAR ACADEMY

JANVIER 2002

La scène essentielle des quatorze semaines d'émissions de *Star Academy* s'est déroulée jeudi dernier. Il ne restait dans le château que les deux finalistes, Jenifer et Mario. On voyait Jenifer se diriger vers les toilettes, où visiblement l'autre s'était enfermé, en lui demandant d'une voix enjouée : « Tu fais caca ? » Devant le silence de Mario, elle avait ajouté : « C'est mou ou c'est dur ? » Elle avait envie de rire, Jenifer… Remarquez, l'instant d'après, arrivée devant la porte des toilettes, elle n'avait plus du tout envie de rire. Elle a dit : « Ah ! oui, d'accord, ça sent à travers la porte ! », puis elle s'est enfuie en respirant par la bouche ! Si je vous raconte cette scène pitoyable, c'est que je voudrais que vous réalisiez qu'il existe, à TF1, un responsable qui a pensé que cette scène était digne de figurer dans le résumé des « meilleurs moments de la journée » !

C'est pendant l'écran de pub qui suivait que j'ai compris : c'était une thématique. En effet, la première publicité vantait les vertus de WC Net. Je vous raconte : on voit une dame nettoyer son évier et, contrariée, s'exclamer soudain : « Chéri, j'ai encore des résidus dans les canalisations ! » Son mari, qui faisait semblant de travailler sur son ordinateur – en fait, il glandait en regardant le site de Pamela Anderson –, lui dit : « Ah ! ben, ne t'inquiète pas ! » Il tape sur son clavier « Résidus dans les canalisations » et envoie le moteur de recherche. Et là, aussitôt, il tombe sur la page WC Net, avec description et photos de toute la gamme, explications techniques, etc. Elle est contente, lui aussi, et il retourne sur Pamela Anderson... J'ai voulu vérifier moi-même cette publicité. Alors je suis allé sur Internet et j'ai tapé « Résidus dans les canalisations ». Là, je suis tombé sur le bureau des égouts de la ville d'Ottawa, sur une communication de la faculté de médecine de Belgique sur les kystes du côlon, et un site sur les maladies sexuellement transmissibles chez les homosexuels. Mais absolument rien sur WC Net !

Le pire est à venir : dans *Le Parisien* d'hier, on nous annonce que M6 a commencé le casting de *Loft Story 2* et qu'Arthur vient d'acquérir les droits de *Harem*, un programme dans lequel quatre jeunes filles dans une villa doivent faire leur choix parmi dix-huit éphèbes. De son côté, TF1 prépare un *Koh-Lanta 2* et a déjà acheté les droits de *L'Île de la tentation*, émission dans laquelle des couples sont envoyés sur une l'île où les attendent des beautés des deux sexes, avec lesquelles ils ont des aventures qu'ils racontent le soir à leur conjoint... Et pour finir, on nous annonce pour bientôt *Les Enchaînés*, où les Lofteurs sont attachés les uns aux autres – ça, déjà, c'est effroyable —, mais on leur inflige des épreuves terribles : on les habille en Dormeuil et on les oblige à regarder en boucle les émissions *Sagas* et *Célébrités* ! Il paraît qu'ils deviennent fous !

À la fin de *Star Academy*, une pub nous annonça que Bouygues nous souhaitait une bonne année. Je me demande s'ils se foutaient pas un peu de notre gueule...

SEPTEMBRE 2002 (1)

Un mot sur *Qui veut gagner des millions ?* « Spéciales inondations du Gard », avant-hier sur TF1. Quatre équipes de célébrités répondaient aux questions de Jean-Pierre Foucault pour essayer chacune de gagner 1 million d'euros. Autrement dit, TF1 dit aux sinistrés du Gard : « Nous sommes prêts à vous donner 4 millions d'euros si les candidats répondent correctement. » Évidemment, les candidats sont essentiellement des animateurs de TF1, notamment Jean-Pascal, le crétin de *Star Academy*. J'imagine la tête du type au premier étage de sa maison dans l'Hérault. On lui dit : « Tiens, Jean-Pascal va répondre à des questions de culture générale pour vous faire gagner de l'argent ! » C'est humiliant, c'est évidemment du business pour ramasser plus de pub, autrement dit, TF1, avec cette opération, a ramassé plus d'argent qu'elle n'en a donné aux sinistrés, puisqu'en tout, au lieu des 4 millions d'euros potentiels, ils ont gagné 400 000 euros. C'est cynique, c'est TF1... Remarquez, Jean-Pascal n'était pas seul, il faisait équipe avec Armande Altaï, la prof de chant, marquise bouffie et poudrée qui semble tout droit sortie du film de Leconte, *Ridicule*, la bouche refaite par un chirurgien esthétique albanais qui lui a greffé un bec de canard... Comme elle sévit dans une émission de merde, c'est Canard WC !... J'ai le souvenir de l'avoir vue il y a longtemps, dans un spectacle de Jacques Higelin au Cirque d'Hiver, s'envoler dans les airs en chantant sur un trapèze. Comme disait Brel, « vous avez sans doute vos raisons » ! Mais, au moins, on sent, sous le masque de plâtre qui recouvre votre visage, une trace d'humanité, de la tendresse pour les candidats… Parce que l'autre prof de chant, la dénommée Raphaële, la demi-vieille, la fausse blonde, on l'a vue avant-hier détruire une gamine en lui assénant : « Plus j'avance dans le temps et plus je me dis que tout chez toi est trafiqué… » Et là, on avait un plan sur le visage de la gamine au bord des larmes. Et l'autre qui surenchérissait : « Chez toi tout est trafiqué, et depuis des années et des années. Tes sourires sont trafiqués, tes pleurs sont trafiqués, ta tristesse est trafiquée, on sent le superficiel et le trafiqué ! » Mais dis donc, toi, la chanteuse ratée, tu crois pas que dans la télé-réalité de TF1 tout est trafiqué, les sourires sont trafiqués, les pleurs sont trafiqués, on sent le superficiel et le trafiqué ? Tu rêvais d'être une chanteuse, comme le dit ta mère Alice Dona dans son bouquin *La Vie à l'envers*. Tu n'existes pas et, en déversant ta frustration de chanteuse ratée sur une gamine, tu viens de lui en coller pour dix ans de psychanalyse !

Remarque, TF1 pourrait faire une nouvelle émission de *trash TV, Psycho Academy*. On mettrait des caméras dans le bureau d'un psychanalyste et on écouterait l'intimité des patients !

SEPTEMBRE 2002 (2)

Vous vous souvenez peut-être de ce sketch d'Henri Salvador où il essaie de faire siffler la musique du *Pont de la rivière Kwaï* à une troupe de choristes ringards… Devant le résultat affligeant, il finit par se résigner à leur dire : « Bon, ben tant pis, au lieu de siffler, faites "la la la la…". » Eh bien, hier soir, dans *Star Academy*, j'ai vu une scène du même genre. Rappelons que, chaque mercredi, les élèves passent ce que la production appelle « l'évaluation » devant leurs profs qui prennent des poses et font des commentaires. Armande Altaï, de plus en plus violette – au point que c'en est inquiétant, ça doit être un problème de circulation sanguine (qui ne l'empêche pourtant pas de commenter le teint des élèves) –, une caricature de metteur en scène de théâtre très connu dans sa rue et qui se prend pour Peter Brook, et Raphaële. Ah ! Raphaële, l'artiste ratée pour qui l'émission prend une allure de psychothérapie lui permettant de se défouler en détruisant des mômes. Raphaële, c'est hallucinant, s'est fait greffer le même bec de canard qu'Armande Altaï, vous savez, par l'Albanais dont je vous ai déjà parlé !…

Hier soir, affligés par le niveau de leurs élèves qui chantaient en duo devant eux, ils ont décidé de demander aux plus faibles, non pas de chanter, mais d'imiter deux poules…

Au même moment, Arte diffusait un reportage sur le pianiste Glenn Gould enregistrant à New York dans les années 1960 le *Concerto italien* de Bach. C'était magique. À la fin du film on se sentait meilleur, avec cette chose qui vient vous caresser le cœur, comment ça s'appelle déjà ?… Ah ! oui, l'émotion.

Je suis sûr que si les profs de *Star Academy* ont regardé cette émission d'Arte ils n'ont pas aimé : Glenn Gould n'a pas fait la poule !

Samedi soir, j'ai regardé *Star Academy*, pour information, sachez que c'est le grand con qui chante faux et qui fait tout le temps la gueule, Georges Alain, qui s'est fait virer, mais j'ai surtout regardé parce que je suis fasciné par Nikos, le présentateur grec.

Voilà un garçon intelligent, journaliste compétent, que j'ai connu personnellement lorsqu'il travaillait avec Christine Bravo, et je peux vous assurer que ce type là déteste la *trash TV*. Pourtant il anime *Star Academy*. On sent que c'est pas son truc, l'autre jour, il interviewe Ophélie Winter qui venait essayer de faire oublier qu'elle est déjà *has been*, et à la fin de sa chanson, Nikos s'approche d'elle, et lui demande : « Alors Ophélie... ? » Là il ne savait plus quoi lui dire, il n'allait pas lui demander « alors qu'est-ce que ça fait de ne plus vendre un disque ? », alors après un long silence Nikos enchaîne « alors Ophélie... euh comment tu fais les han han dans ta chanson ? » L'autre après un court instant où elle se demandait si le grec n'était pas en train de se moquer d'elle, répondit : « Et bien je fais han han. »

Et là Nikos conclut en disant : « Beaucoup de magie en tous cas. »

C'est incroyable, ce type conclu toutes les prestations des chanteurs avec deux seules phrases. Soit avec « beaucoup de magie en tous cas » ou bien « c'est que du bonheur ».

Il y a plein de codes dans *Star Academy*. Par exemple, pendant les chansons rapides, Alexia Laroche Joubert, la directrice aux dents jaunes, je sais pas si vous avez remarqué, on dirait qu'elle a du gruyère collé sur les incisives, donc pendant les chansons rapides, Laroche-Migennes danse le twist, et pendant les chansons lentes c'est Armande Altaï qui a de plus en plus la peau violette, elle devrait consulter un dermato. Remarquez la peau violette ça fait un joli camaïeu avec ses dents rouges à cause du rouge à lèvres, d'ailleurs c'est une constante chez les profs, puisque Raphaëlle a, elle aussi, les dents écarlates, c'est bien simple, quand les deux profs avec la directrice au milieu sourient, on dirait le drapeau espagnol, rouge jaune rouge.

Donc dans *Star Academy*, on danse pendant les chansons rapides et on pleure à la fin des chansons lentes.

À un moment, Lara Fabian chante en duo avec une élève. Comme d'habitude, elle nous fait le coup de l'émotion frelatée, des larmes sur commande, vous savez la technique du poil de nez qu'on s'arrache discrètement pour faire couler une larme, elle le fait bien Lara Fabian, elle se retourne et hop, elle arrache son poil de nez et elle regarde la caméra en disant « Merci, merci pour tant d'amour », tandis que de grosses larmes perlent à ses yeux globuleux.

À cet instant Houcine, l'un des deux candidats, celui qui est papa et dont la production de *Star Academy* avait scénarisé le manque de son enfant, avait les larmes aux yeux. À la répétition, on lui avait dit, « quand y'aura Lara Fabian, il faut pleurer », bon, c'est pas dur, vu qu'elle est bête à pleurer, et notre Houcine avait donc les larmes aux yeux.

Et c'est là que Nikos a plongé dans l'immonde. « Alors Houcine, je vois des larmes dans tes yeux. Pourquoi ? "

L'autre n'allait pas dire : « Parce qu'on me l'a demandé à la répétition »... donc il ne répond rien...

Nikos :

—Houcine ces larmes dans vos yeux... je crois que je sais pourquoi.

Houcine :

—Euh.

Nikos :

—Tu penses à quelqu'un... quelqu'un qui te manque... à ton fils...

À cet instant, c'était pas Nique ta mère, c'était Nikos la dignité.

TAPIE BERNARD

SEPTEMBRE 2002 (1)

Hier soir la pluie tombait sur Paris, et les rares passants qui pressaient le pas devant le Shopi de la rue des Martyrs détournaient le regard à la vue insupportable de cet être hagard, vêtu de haillons Dormeuil, qui tenait devant lui une pancarte en carton sur laquelle, d'une écriture maladroite, il demandait qu'on lui donne une petite pièce pour manger ou même un Ticket-Restaurant périmé.

Voilà ce qu'est devenu Stéphane Bern, qui fut le roi du lundi soir sur TF1. Celui qui déniaisa Alexandra

Bronkers – non, Alexandra Bronkers s'est fait dépuceler, mais elle n'a jamais été déniaisée –, celui que déteste Carole Rousseau… Voilà pourquoi, Stéphane, je ne pardonnerai jamais à TF1 de vous avoir remplacé par Bernard Tapie et sa nouvelle émission intitulée *À tort ou à raison*.

Ça commence par un générique « synthé et percussions » façon journal télévisé, pour montrer qu'on est dans le domaine de l'info. Tapie entre sur le plateau en courant – enfin en courant au début, mais sentant la tachycardie venir, il ralentit et termine en flânant. À part le souffle, il est en forme, Bernard. Il s'était fait un Régécolor auburn et surtout un brushing incroyable, le truc en vogue en 1983 avec un gonflage de chaque côté de la raie ! En le mettant à côté de vous, Stéphane Bern, on pourrait faire un musée de la mode capillaire à travers les âges ! Oui, je sais, aujourd'hui Philippe Sollers est invité, donc on ne parle pas de coupe de cheveux ridicule. Mais Philippe Sollers n'a pas une coupe de cheveux ridicule, c'est un hommage à Hervé Bazin…

Donc, Bernard Tapie avec son brushing Saint-Algue, après avoir repris son souffle, commence par expliquer le concept de son émission : « *À tort ou à raison* est une émission qui traitera des grands problèmes de notre temps, avec d'un côté des invités qui défendront une opinion et, de l'autre, moi-même qui partagerai l'opinion contraire. » Autrement dit, il nous a fait le coup de : « C'est mon avis et je le partage. »

Les grands problèmes du moment, on attendait le terrorisme ou les terribles inondations du Gard. Mais non, le grand problème du moment, c'était la prostitution. Ben oui, c'est TF1 ! C'est toujours pareil, dans quinze jours ils traiteront des sectes ou des voyants, et dans un mois des nains hydrocéphales… C'est ça, les grands problèmes du moment pour TF1...

Bernard Tapie commence par présenter ses invités, le panel habituel des témoins dans les émissions de TF1 : un juriste, un flic, deux prostituées et une personnalité qui n'a rien à voir avec tout ça, mais qui a un bouquin à vendre – l'attaché de presse lui a dit : « Coco, tu passes chez Tapie, tu vas tripler les ventes », et ils ont crié ensemble : « Yes, yes, yes ! Triple yes ! » En l'occurrence, c'était Philippe Sollers. Vous pensez bien que, le thème du débat, il n'en avait rien à foutre…

Évidemment, comme c'est TF1, ils n'allaient pas rater l'occasion de faire téléphoner les gens à un numéro hors de prix qui commence par 0800. Il y avait donc une prénommée Julie au standard, qui avait la pêche, qui rigolait, et qui d'entrée a dit : « Le sujet passionne les Français ! » Là, on a senti qu'à part une prostituée qui défendait sa liberté, et Tapie qui était contre, les autres somnolaient…

Comme par hasard, le thème de l'émission était l'occasion de nous montrer un reportage bien racoleur, dans lequel on voyait les filles de l'Est ou d'Afrique sur les boulevards des maréchaux à Paris, prétexte grossier pour nous montrer des filles quasiment nues filmées avec complaisance. Comme ces images étaient insupportables, j'ai zappé sur France 2 : c'était Arlette Chabot, ça m'a bien calmé !

Mais plus tard, je suis revenu à l'émission. Debout devant ses quatre témoins et l'autre qui était là pour vendre son bouquin, Tapie faisait du Tapie. Il parlait en marchant, bonimentait, hâblait, fanfaronnait – il connaît bien ces gestes, il faisait les mêmes devant le personnel des piles Wonder pour les convaincre qu'ils étaient les meilleurs avant de les licencier, et les mêmes devant Montgolfier lorsqu'il jurait sur l'honneur que Mellick était dans son bureau, et les mêmes lorsqu'il jouait *Vol au-dessus d'un nid de coucou* au théâtre !... Bref, c'était plus Nanard, c'était Pénélope ! Seulement il y avait un problème. À part Sollers qui disait des conneries pour faire rire le public et une prostituée qui débattait, les autres participants s'étaient vraiment assoupis. Et donc, l'empoignade dont rêvait Tapie risquait de ne jamais avoir lieu...

Heureusement, Sollers vint à son secours et fit un numéro, commençant par dire que 90 % des hommes sont dans la misère sexuelle. Puis la prostituée a dit fort justement qu'on la traitait de « pute », alors que certaines femmes sont des putes légales et respectées : celles qui épousent un type généralement âgé et qu'elles n'aiment pas, uniquement pour l'argent. Elle avait raison : les pauvres putes tapinent sur les boulevards des maréchaux, d'autres tapinent chez Barclay ou chez Rothschild et publient des traités de savoir-vivre. Finalement, où est la différence ? Puis Philippe Sollers est revenu avec sa phrase sur la misère sexuelle, ce qui a énervé Tapie qui lui a demandé : « Mais qu'est-ce que c'est, la misère sexuelle ? » Et là, Sollers a eu cette réponse magnifique : « La misère sexuelle, c'est quand les hommes et les femmes ne convergent pas. »

Ensuite, on a abordé le problème du sida, avec des images d'un type qui demandait ses tarifs à une fille. « 30 euros la pipe », précisa-t-elle. Le client en caméra cachée lui demanda : « Tu peux le faire sans capote ? », mais, au moment où la fille allait répondre, ils ont envoyé la pub ! Là, on sentait bien le goût de TF1... C'est tout juste si une voix *off* ne lançait pas : « Est-ce que la pute acceptera de sucer sans préservatif ? Vous le saurez après la pub ! » En plus, là aussi c'était un concept, puisque la première pub était consacrée au dentifrice Signal, qui élimine les impuretés qui collent aux dents !

Au retour plateau, Tapie, qui avait dû secouer ses invités, a déclaré : « J'ai vu que ça s'animait pendant la pause, j'aimerais que ça continue. » Manque de pot, ça n'a pas continué… Donc vous l'avez compris, c'est une émission qui a vraiment été bien… pendant la pub !

Un peu plus tard, Philippe Sollers nous a encore fait rire en disant : « Les années 1960 et 1970 furent l'âge d'or des muqueuses grâce à la pilule anticonstitutionnelle. » Bien entendu, Sollers confond. La pilule anticonstitutionnelle, c'est la future loi d'amnistie ! Notre ami a continué en expliquant que ces années furent une gigantesque partouze. Tapie l'a regardé en se demandant s'il se foutait de lui, mais Sollers continuait : « Ben oui, tout le monde a baisé avec tout le monde ! » Tapie : « Quand vous dites ça, je bois du petit lait… » Sollers : « Non, non, c'est pas du p'tit lait ! » Comme dirait mon ami Vincent Roca : « Tapie tapé n'était pas au top, il a fait de la retape. Et voilà l'topo ! »

Bref, hier soir sur TF1 on parlait des prostituées, mais la pute, c'était la chaîne.

Il y a deux semaines, Bernard Tapie promettait que son émission serait en direct, car, affirmait-il, « la vraie télé c'est le direct, c'est pas comme Ardisson qui enregistre et monte ses émissions ». Il affirmait également qu'il ne traiterait que des grands thèmes d'actualité, refusant de tomber dans le racolage et le voyeurisme. En foi de quoi son émission d'hier soir était enregistrée, et le premier thème abordé a été celui d'un illuminé qui se prend pour Jésus et promet la fin du monde pour le 24 octobre !...

Notre ami Tapie était maquillé comme Mick Jagger, avec le mascara et le trait de crayon sous les yeux. Avec son Régécolor auburn et ses racines noires, il ressemblait à une pute albanaise...

Tapie recevait donc monsieur Arnaud Mussy, patron d'une secte à la con et qui se prend pour Jésus : « Bonjour monsieur, dois-je vous appeler monsieur Mussy ou Arnaud ? — Restons simple, appelez-moi Jésus ! »

Monsieur Mussy a expliqué qu'il était Jésus en qualité de disciple d'un écrivain nantais, qui n'était autre que Dieu, fondateur d'une secte nommée Far-West ayant avait annoncé l'apocalypse pour le 11 juin dernier. Bon, évidemment, comme seul signe d'apocalypse le 11 juin dernier, monsieur Mussy a souffert d'une diarrhée violente en raison d'une consommation de crustacés ayant dépassé la date limite de péremption. À part ça, la journée fut plutôt calme, et les gens se foutaient de la secte Far-West en disant : « Alors, John Wayne, la fin du monde, elle vient à cheval ? » Très contrarié par le goudron et les plumes dont on l'avait enduit, Dieu décida de mourir, et Jésus devint le patron de la secte. Il s'empressa de changer le nom de la secte : maintenant ça s'appelle Néophare – après avoir hésité entre Nénuphar et Gyrophare.

Tapie lance alors un reportage sur cette secte inquiétante. Remarquez, on n'a pas été franchement inquiets, vu qu'en tout et pour tout ils sont cinq dans la secte – c'est là qu'on voit que Bernard Tapie ne se fout pas du monde quand il dit qu'il traite des grands problèmes du moment ! Effectivement, cinq paumés nantais derrière un connard qui se prend pour Jésus... Ah ! oui, il faut quand même que je vous dise qu'il n'arrête pas de boire, Jésus. Hier, pendant l'émission, il a dû avaler 10 litres de flotte en une heure et demie ! Et alors que j'allais me moquer de cette pépie messianique, j'ai constaté qu'il n'avait pas pissé une seule fois. Le voilà, le miracle ! Un type qui est capable de boire 10 litres de flotte sans aller pisser ne peut être que Jésus !

TÉLÉ-ACHAT

JANVIER 2002

Ce week-end, pendant que d'aucuns se gobergeaient à La Clusaz, moi je regardais la télévision. J'ai commencé très fort en regardant samedi matin le *Télé-achat* de M6. Le *Télé-achat* est à la consommation ce que les prédictions de Paco Rabanne sont à la science : on sait bien c'est bidon, mais les gogos y croient et certains gagnent beaucoup d'argent.

Au *Télé-achat*, on croyait avoir tout vu en matière de débilité, mais samedi ils ont pulvérisé le mur de la connerie. Avec, tenez-vous bien, un nouveau produit de régime qui s'appelle « les Pastas minceur ». Oui, vous avez bien entendu, c'est une nouvelle façon de maigrir : manger des pâtes ! On dirait un sketch de Coluche. Sauf que là ils nous interdisent même pas de manger du pain avec les nouilles, on a le droit ! Il y avait même un type qui affirmait avoir perdu 6 kilos en un mois en cuisinant les fameuses pâtes à la carbonara, à la bolognaise ou même en les accompagnant de crème fraîche et de petits lardons !...

Alors là, je voudrais dire au CSA que, faire croire aux gens qu'on peut perdre du poids en bouffant des pâtes avec de la crème fraîche, c'est quand même se foutre un petit peu de la gueule du monde ! Parce que, bon, moi je ne suis pas concerné, mais prenez un type qui a besoin de suivre un petit régime, comme Paco Rabanne, par exemple. Eh bien, s'il est un peu naïf, du genre à croire que la station Mir va lui tomber sur la tête, il peut très bien être capable d'acheter ce genre de connerie !

Remarquez, ce qui est bien, c'est qu'on ne risque pas d'en acheter beaucoup, vu que les Pastas, elles sont peut-être minceur, mais leur prix, lui, il ne l'est pas, minceur. Un seul paquet coûte 60 euros ! Ça doit être pour ça que ça fait maigrir : parce qu'à ce tarif-là, forcément, on limite la consommation !

JANVIER 2002 (2)

Comme promis, je vais vous donner le secret de ma taille de guêpe : il s'agit de « Stop kilos ».

Dans le *Télé-achat*, Pierre Dhostel, le fils de Pierre Bellemarre, reçoit un monsieur qui affirme avoir perdu 5 kilos en une semaine grâce à Stop kilos, et une pauvre dame aux yeux cernés, dont on devine qu'elle est au chômage et qu'elle perçoit 300 balles pour se livrer à cette comédie pitoyable en affirmant qu'elle a perdu 3 kilos en une semaine, et que ça continue. Comme ces deux témoins nous avaient alléché, Pierre Dhostel nous dit : « Mais qu'est-ce que Stop kilos ? » Et là arrive un pseudo-scientifique – en fait, un camelot recyclé dans le télé-achat. Le type montre une boîte de Stop kilos et nous explique qu'il s'agit de légumes lyophilisés, puis le voici qui nous raconte ce qu'est la lyophilisation avec des termes savants : « La lyophilisation est une méthode de déshydratation qui permet de conserver les aliments », etc. Mais sa démonstration perdait beaucoup de sa force, parce qu'en même temps on voyait la boîte de Stop kilos en gros plan, sur laquelle était écrit « Potage en poudre » ! Évidemment, quand on voyait que c'était du Royco Minute Soupe, ça perdait de son efficacité… Pierre Dhostel, conscient que la mention « Potage en poudre » pouvait le desservir, s'enthousiasme et s'exclame : « Ce qui est bien avec Stop kilos, c'est que vous pouvez l'agrémenter, n'est-ce pas docteur ? » L'autre : « Oui, vous pouvez rajouter soit du sel, soit du poivre… » Dhostel : « Eh oui, un jour du sel, un autre jour du poivre, et comme ça on ne s'en lasse pas ! Bon, maintenant, je vais vous expliquer comment on procède avec Stop kilos… Vous mettez du potage en poudre au fond du bol, vous faites couler de l'eau bouillante dessus, vous remuez… et regardez : vous obtenez un délicieux potage ! Alors docteur, expliquez-nous comment ça marche ! » Le toubib : « Eh bien, c'est grâce aux calories négatives. C'est une notion qui va révolutionner la vie. Je vous explique. Vous prenez une grande assiette de Stop kilos : pour éliminer le potage, votre corps utilise 300 calories. Donc, à chaque assiette de Stop kilos vous perdez 100 calories. Donc, plus vous en consommez, plus vous maigrissez. » Il ne disait pas comment on pouvait éliminer 300 calories juste en allant faire pipi… Ou alors, Pierre Dhostel en a une très grosse à porter, je ne sais pas…

TÉLÉ DE L'ÉTÉ

AOÛT 2002

Cher Stéphane Bern qui venez de passer l'été en stage de naturisme à Mýkonos… Pendant deux mois, vous avez vécu totalement nu, de nombreux témoins attestant que vous ne justifiez pas votre patronyme, « Bern », car vous ne l'étiez pas du tout, en berne, lors de ces promenades à dos d'âne, totalement dévêtu dans la garrigue grecque, au milieu des eucalyptus et des lauriers sauvages… Ne niez pas, tous les touristes de retour des îles grecques affirmaient avec admiration : « On a vu Stéphane Bern complètement nu, il était monté sur un âne ! » Vos seules entorses au dogme naturiste eurent lieu lors de soirées huppées, dans lesquelles vous étiez vêtu d'un string de marque Dormeuil, mettant parfaitement en valeur vos petites fesses nerveuses !…

À propos de petites fesses nerveuses, on a beaucoup parlé cet été à la télévision de la famille princière de Monaco. D'ailleurs il faudra un jour, cher Stéphane

Bern, que vous nous expliquiez pourquoi on dit famille « princière » et pas « royale ». Pourquoi ne sont-il pas empereurs, pourquoi ne sont-ils pas César alors qu'ils sont déjà Pompée ?…

On a donc beaucoup vu la famille princière de Monaco, notamment le prince Albert, qui, nous a-t-on appris hier, va quitter Saint-Tropez où il vient de passer l'été. À présent, pour Albert, fini les vacances. Il va lui falloir attendre une semaine avant de partir pour Saint-Barth', puis, après un séjour aux Maldives et une croisière sur le Nil, il aura enfin droit à un moment de détente bien mérité aux sports d'hiver à Saint-Moritz ! Pendant sa semaine monégasque, Albert va devoir inaugurer la plus grande digue du monde, arrivée cet été dans le port de Monaco. Elle a été construite à Nantes et acheminée par voie maritime. Hier soir, au JT de 20 heures, les images télévisées de ce monstre de béton étaient impressionnantes…

Les Monégasques cherchent un nom pour la digue. D'aucuns – des persifleurs, des sarcastiques –, apprenant qu'elle serait inaugurée par la princesse Stéphanie, ont proposé de l'appeler « la digue du cul ». Ben oui, elle a été construite à Nantes et elle est passée par Montaigu !

À propos de Stéphanie, *Paris Match* nous a montré les photos de ses vacances au camping municipal de Hauteville, dans le Jura. L'article précise même qu'elle a joué à la belote avec ses voisins de caravane, et qu'elle a décroché la quatrième place au tournoi de pétanque. Avec photos à l'appui ! C'est tout juste si on ne la voyait pas se balader dans l'allée du camping avec son rouleau de PQ !

Tiens, ça, c'est terrible... Il faudra un jour qu'on évoque le nombre de divorces suite à la vision du conjoint partant le rouleau à la main après le déjeuner. Vous savez, alors que vous êtes là, à glander devant la table métallique, les mouches et les guêpes commençant à se poser sur les miettes et les taches de confiture, ce moment où votre conjoint vous dit : « Chérie, tu veux bien nettoyer la table ? » Puis vous le voyez partir en tenant son rouleau de PQ... Et dire que ce type en bermuda, que vous voyez s'éloigner avec son rouleau de PQ à la main, vous a séduite en vous faisant lire *Belle du seigneur* !

Dieu merci, Stéphane Bern, vous ne pratiquez pas le camping, et à Mýkonos vous n'étiez pas sous la tente !...

À ce propos, je voudrais faire part aux auditeurs d'une confidence que vous nous avez faite. Vous possédez dans cette île grecque un cabanon avec jardin privatif, dans lequel, chaque matin, vous levez les couleurs grecques. Oui, lorsqu'il est en Grèce, chaque matin, Stéphane Bern salue son mât magnifique dressé vers le ciel comme un défi au étoiles !...

Vous ne dormez pas sous la tente, cher Stéphane, mais vous ne pratiquez pas non plus le vélo en vacances. Pourtant, vous ne ratez pas le Tour de France sur France 2. Moi aussi, j'aime beaucoup les rois de la pédale ! Même si le Tour de France, année après année, se discrédite avec le dopage. Évidemment, les journalistes de France 2 nous ont juré, comme chaque année, que cette fois, c'était sûr, il n'y avait plus de dopage. Comme chaque année. Certes, ils ont arrêté madame Edita Rumsas avec une voiture pleine d'anabolisants et celle-ci a affirmé qu'ils étaient destinés à sa grand-mère qui souffre d'arthrose. L'aïeule arthritique, tu lui donnes deux gélules de ce que tu as trouvé dans la voiture d'Edita, elle se lève immédiatement et fait trente pompes pour se dérouiller ! Et en quinze jours, elle bat le record du monde de l'épaulé-jeté en haltérophilie ! Quant à son mari, Raimondas – elle, c'est Editas, et lui Raimondas : plutôt équivoque comme prénom, ça le fait pas sur le papier à lettres –, interviewé par un journaliste qui s'étonnait que ce type sans aucun palmarès devienne un cador du Tour de France à plus de 30 ans, il a répondu : « Euh... Ce n'est pas tout à fait juste de dire que je n'ai aucun palmarès, j'ai fini cinquième du Paris-Camembert... » C'est comme l'autre, Gonzalès Goldeano, on dirait un intrigant à la cour d'Espagne. Vous savez, les nobles vêtus de noir qui complotaient avec Louis de Funès dans *La Folie des grandeurs* ! Gonzalès Goldeano, donc, contrôlé positif, a déclaré sans sourciller : « Oui, c'est vrai, j'ai pris un produit interdit, mais c'est pour soigner mon asthme. » Voilà un type en tête du Tour de France qui se tape trois semaines de courses avec les Alpes, les Pyrénées, le Ventoux et les contre-la-montre, et qui nous annonce sans rire qu'il est asthmatique chronique ! Alors que les doses de Ventoline retrouvées dans ses analyses correspondent à la posologie prescrite à un insuffisant respiratoire en fin de vie ! Dis donc, Gonzalès, tu nous prendrais pas un tout petit peu pour des cons ?

Comme chaque année, à la fin des vacances, pas un journal télévisé qui n'évoque la rentrée des classes en débitant tous les poncifs, du genre l'odeur des trousses neuves et des gommes à la fraise... Bref, tous les lieux communs que Maureen Dor vous sortira chez Ruquier, du style : « Ah ! oui, et puis vous vous souvenez, quand on avait de nouveaux profs on se disait : "Pourvu qu'on tombe pas sur machin, il est redoutable !" »

Pour finir avec la télé de cet été, j'ai vu hier soir un reportage terrifiant, dans lequel on nous expliquait que les pets de termites constituent l'une des pires catastrophes naturelles, puisqu'ils sont responsables de 5 % de l'effet de serre ! Ce qui est surprenant, c'est qu'on ne les entende pas péter... Vous imaginez tous ces termites qui pètent, ça devrait faire un bruit d'enfer ! Quand on pense qu'il y a, au-dessus de nos têtes, ce nuage de pets de termites qui peut à tout moment nous tomber dessus, ça fout autrement plus les jetons que des barbus aux Adidas explosives ! Les Gaulois craignaient que le ciel leur tombe sur la tête. Deux mille ans plus tard, grâce à la science, nous savons que ce n'est pas le ciel qui nous tombera sur la tête, mais un nuage de pets de termites !

TÉLÉ DU RÉVEILLON

JANVIER 2002

Un mot sur la soirée télé du réveillon. Vous connaissez le principe : une soirée de promotion présentée par

Arthur sur TF1 et par Drucker sur la 2, au cours de laquelle les animateurs de la chaîne se succèdent, déguisés en pingouins, puis juste avant minuit on égrène les dix dernières secondes et on s'embrasse… On est très émus par cette nouvelle année qui arrive, d'autant plus émus que l'émission est en général enregistrée le 14 octobre… Vous pensez bien qu'Arthur, le 31 décembre, il réveillonnait aux Maldives avec trois putes, il n'a sûrement même pas regardé son émission de merde !

Sur TF1, on a donc vu défiler les stars, on les a vues faire semblant d'improviser les trois lignes qu'elles avaient apprises par cœur, et surtout faire bien attention à mettre les pieds sur les croix marquées au sol pour les caméras. Le problème, c'est que les croix étaient très éloignées. Du coup, Arthur se trouvait à 5 mètres pour essayer de donner le change, il se penchait en avant, on aurait cru un clown avec ses grandes chaussures. Il y avait aussi du public, et un jeu intitulé « La roue multi-cadeaux ». Arthur tirait au sort un spectateur, l'autre sautait de joie comme on lui avait dit de le faire à la répétition, et venait tourner la roue, sur laquelle figuraient des cadeaux somptueux : voyage aux Seychelles, voiture, raid au Canada en motoneige pour deux… À un moment, une spectatrice est sélectionnée. Elle saute de joie – le précédent candidat avait gagné un séjour pour deux au Québec. La fille fait tourner la roue qui s'arrête sur un segment où était écrit « photo ». Elle saute de joie et se dit : « Ouais, j'ai gagné un Nikon numérique avec zoom et grand angle ! » Manque de pot, « photo », ça voulait dire qu'elle avait le droit de se faire prendre en photo à côté de Thierry Roland !... Elle a fait : « Ah ! ouais, super... », on l'a prise en photo et elle est retournée s'asseoir. Et là, il y a eu un plan terrible dans le public : elle pleurait...

Donc les animateurs se succèdent, les stars de la chaîne sont au début et ils gardent les ringards pour après minuit, quand plus personne ne regarde – par exemple, Laurent Cabrol sur TF1 et Patrice Laffont sur France 2... À propos de Patrice Laffont, à un moment, Drucker lui dit : « Avec ta nouvelle émission *Le Juste Euro* qui a commencé aujourd'hui, tu dois être familiarisé avec l'euro ? » L'autre panique, évidemment, puisque, comme je vous l'ai dit, l'émission était enregistrée il y a deux mois. Alors il répond : « Euh, non... Pas encore tout à fait... » Puis Drucker lui demande : « Ah ! mais moi je me souviens que tu étais aussi comédien... » Bon, ne vous affolez pas : l'autre a fait une figuration dans *Le Gendarme de Saint-Tropez* – ce qui ne le rajeunit pas ! Et là, Drucker, qui veut être sympa, lui demande : « Ça ne te manque pas trop, ce métier de comédien ? » Et Laffont, très vexé : « Euh, non, pas du tout, vu que ça fait un an que je joue une pièce... » Drucker a fait : « Ah ! ben oui, c'est vrai ! » Tu parles, il la connaissait pas... Remarque, personne ne la connaît, sa pièce. Ça s'appelle *Le Politocard.* Rien que le titre, on comprend pourquoi personne ne la connaît ! Ça donne bien envie... Tu imagines le type au boulot : « Tiens, salut, qu'est-ce que t'as fait hier soir ? » L'autre : « Je suis allé au théâtre. — Ah ! Et t'as vu quoi ? — *Le Politocard*, avec Patrice Laffont. » L'autre : « Bon, c'est pas tout ça, mais je vais y aller... » Ou bien le type qui veut séduire une fille : « Bonjour, ce soir je t'emmène au théâtre ! » L'autre : « Oh ! c'est merveilleux ! Tu m'emmènes voir quoi ? *Othello* ? — Non, *Le Politocard*, avec Patrice Laffont ! » Là, ça le fait pas. Pour peu qu'après il l'emmène chez *Flunch*, c'est pas gagné !

Toujours sur France 2, il y avait Liane Foly qui a encore un nouveau look. Cette fois, elle n'a rien touché au visage, mais pour Noël elle s'est offert de nouveaux seins. Maintenant elle fait du 120 bonnets F, mais comme ils sont trop lourds, ça tire la peau et elle a les paupières qui tombent. Du coup, elle va être obligée de retourner sur le billard !

TUBES D'UN JOUR, TUBES DE TOUJOURS

JANVIER 2002

Samedi soir j'ai regardé *Tubes d'un jour, Tubes de toujours*, présenté par Flavie Flament. Elle vit un véritable calvaire dans cette émission. Je vous explique : comme son nom l'indique, l'émission est basée sur l'évocation nostalgique de vieux succès éphémères. Mais qui dit vieux succès dit vieux chanteurs, et qui dit éphémères dit *has been*. Forcément. Alors on a droit au défilé des nazes, et Flavie doit les accueillir après leur chanson. Elle les reçoit en disant : « C'est incroyable, vous ne changez pas !... » On vient de voir les images d'il y a trente ans, ça ressemble aux pubs « avant/après », ils n'ont plus de cheveux, ils sont défaits... et Flavie : « C'est incroyable, vous ne changez pas !... » Concernant le côté *has been*, elle a trouvé une formule : « Vous êtes toujours aussi populaire dans le cœur des Français. » Dans le cœur des Français, ça veut dire total *has been* !

C'était le défilé des nazes. Après Sheila, il y a eu Début de soirée et leur tube : « Et tu tapes tapes tapes, c'est ta façon d'aimer ! » Et puis Flavie Flament nous a annoncé : « Celle qui vient est toujours aussi jolie, voici Jeanne Manson ! » Ah ! la vache !... L'autre, ça l'a encouragée, elle hurlait : « Faisons l'amour avant de nous dire adieu ! » Non, merci madame ! Puis vinrent Stone et Charden. Là, Flavie Flament a cherché à tout prix à faire un compliment. Mais franchement, qu'est-ce que tu veux faire comme compliment à Stone et Charden ? Là, tu peux pas dire « Ils n'ont pas changé » ! Donc elle s'exclame : « Stone, qui a donné son nom à sa coiffure que tous les jeunes portaient à l'époque... » T'as raison ma poule, même les Rolling Stones ont copié sur elle !

Et puis vint l'inénarrable François Feldman. Vous vous souvenez ? « Que deviennent, que deviennent, les valses de Vienne... » Et que devient François Feldman ? Eh bien, il sera bientôt en concert à la pizzeria Chez Helmut au Centre commercial des Trois-Fontaines à Cergy-Pontoise, accompagné par son orchestre. Son orchestre, c'est un minicassette sur un tabouret !... Donc, à part cette actualité brûlante, Flavie lui dit : « Alors dites-moi, François Feldman, la grande question que tout le monde se pose, quand revenez-vous ? » L'autre : « Euh... Je suis en train de finir un disque, j'aurai fini dans un an. » Flavie : « Ah ! Eh bien formidable, rendez-vous dans un an !... »

UNIVERSITÉS D'ÉTÉ

SEPTEMBRE 2002

Les universités d'été se déroulent pendant la dernière semaine d'août, généralement dans des lieux modestes. Les participants viennent de passer un mois aux Maldives, mais ils font leur truc à Saint-Jean-de-Monts pour montrer à quel point ils sont près du peuple.

Le principal intérêt des universités d'été, c'est que les hommes politiques y arrivent avec un nouveau look. L'an dernier, Séguin s'était déguisé en Jean Yanne. Cette année, Dominique Voynet ressemblait à la fille que Muriel Robin aurait eue avec Mimie Mathy !

François Bayrou avait également organisé son université d'été. Bon, au total ils étaient vingt-trois, il les avait installés dans un pré à la campagne. Vingt-trois participants, c'était plus une université, c'était une halte-garderie ! Comme star, il y avait Gilles de Robien, c'est vous dire !

Le PS, avec Marie-Noëlle Linemann et à côté d'elle Fabius, habillé « rock'n roll », c'est-à-dire Lacoste jaune pour montrer que c'est un rebelle. Le comble du pathétique fut sans conteste Julien Dray, qui est arrivé déguisé en Bruce Springsteen : tout en noir, en jean et tee-shirt, avec ce bouc de rocker qui fut à la mode il y a cinq ans, pour bien montrer qu'il est près des banlieues. L'an prochain, il se fait poser des dents en or comme Joey Starr !

Et puis bien sûr, l'université d'été du Medef. Eux aussi, ils avaient trouvé une idée pour leur look : pour changer du Dormeuil, ils avaient décidé de porter des maillots de rugbymen. Le problème, c'est qu'ils avaient beau avoir pris du XXL, la plupart des patrons ne rentraient pas dedans ! Alors ils se sont posé les maillots sur le dos avec les manches nouées autour du cou. On aurait dit qu'ils portaient un noyé ! D'autres étaient parvenus à enfiler le maillot, mais l'effet sportif escompté n'était pas là, car en dessous ils avaient gardé le Dormeuil avec le gilet et la cravate... Le baron, lui aussi, portait son maillot de rugby. Il s'était fait faire un brushing de sourcils – avec Seillière, on a du sourcil à se faire !

VICTOIRES DE LA MUSIQUE

MARS 2002

Les *Victoires de la musique* étaient en direct. Présentées par Daniela Lumbroso, dont on mesure le niveau de stress à l'aigu de la voix. Je ne sais pas si vous avez remarqué, mais plus elle est stressée et plus elle monte. Samedi, elle a carrément atteint le contre-ut !... Il y avait aussi Jean-Luc Delarue et un revenant, notre ami Éric Jeanjean. Vous le savez, il s'appelle en réalité Eric Jean mais, comme on l'appelait « Neu-neu » quand il était petit, il pensait que ça faisait bien de doubler... donc il a choisi Jeanjean comme pseudo ! Un présentateur dans la lignée de Jean Nohain, qui pousse l'hommage à son maître jusqu'à garder obstinément un œil fermé... Il essaie bien de donner le change en faisant croire qu'il fait un clin d'œil, mais au bout de cinq minutes on n'est pas dupes !...

L'avantage du direct, c'est que ça permet de dire des choses. Noir Désir ne s'en est pas privé. Déjà, avant eux, un rappeur avait affirmé que les cités ne sont pas dupes des hommes politiques qui viennent y pêcher des voix en période électorale. Autant vous dire que Delarue n'était pas rassuré lorsque Bertrand, le chanteur de Noir Désir, annonça qu'il avait des choses à dire. Il alluma d'abord les pauvres filles de L5 – produits formatés d'Universal –, puis traita Messier de menteur... Moi, j'étais dans le studio de France Inter le jour où il a affirmé que, grâce à lui, la France exportait les films d'Harel et les disques de Noir Désir et de Zebda, et j'avais bien vu que c'était son assistante qui lui avait noté les noms sur une fiche cartonnée. Car jusqu'à ce jour, Messier croyait que Noir Désir était une marque de café ! Au moins, maintenant, il saura... Ce qui était savoureux, c'était de voir le visage de Jean-Luc Delarue, émule de Messier, qui possède les même valeurs... Derrière la belle gueule de rebelle de Bertrand Cantat, Delarue, avec cette sueur d'angoisse qui naissait sous son nez, ressemblait soudain à Balladur... D'ailleurs, pendant toute la soirée, Delarue fut déstabilisé, sans qu'on sache précisément si c'était à cause du pamphlet de Noir Désir ou en raison de la prestation de Lynda Lemay. Il faut vous dire que dans ce genre de soirée, qui dure quatre heures, la notion de rythme est très importante. La notion de joie également. Et là, avec Lynda Lemay, ils ont été gâtés, puisqu'elle est venue interpréter une chanson intitulée *La Centenaire*.

Déjà, habituellement, Lynda Lemay, ça ressemble à du Patachou des années 1950, mais là, il s'agissait de l'histoire d'une vieille dame qui attend la mort. Et la chanson durait six minutes !... Ça commence par : « J'ai eu 100 ans hier, mais qu'est-ce qu'elle fait la mort ? » Autant vous dire que l'ambiance des *Victoires* était plombée. Au bout d'une minute trente : « Le docteur est venu, il dit que je vais bien... » Au bout de trois minutes : « J'ai vu la Première Guerre, j'ai enterré mes fils... » Après quatre minutes : « Ma place n'est plus ici, elle est au cimetière... » Après cinq minutes : » C'est pas qu' je sois morbide, mais c'est vrai qu' j'attends la mort... » À cet instant, la moitié du Zénith pleurait, certains pendaient au bout d'une corde, Daniela Lumbroso essayait d'enchaîner, mais la note était trop haute... et Delarue, sentant que les rares spectateurs restants allaient partir sur TF1, cherchait donc quelque chose pour les retenir. Lorsqu'on l'avertit dans l'oreillette que TF1 était tombée en panne. Alors, voulant faire comme Arthur – oui, c'est la nouvelle mode, on accueille les téléspectateurs des autres ; tiens, par exemple, nous, en ce moment, nous accueillons des auditeurs qui viennent de quitter Courbet sur RTL, d'ailleurs on va y aller doucement pour ne pas qu'ils risquent un claquage de neurones ! –, donc Jean-Luc Delarue s'exclame : « Surtout, restez sur France 2, car on vient de nous informer qu'il y a une rupture de faisceau à TF1. » Dans son esprit, ça voulait dire : « Certes, Lynda Lemay vient de chanter *La Centenaire*, vous avez envie de vous tirer une balle dans la bouche, mais restez sur France 2 puisqu'en face ils sont en panne. » Mais évidemment, quand il a dit ça, tout le monde est allé sur TF1 !

VIOLENCE À LA TÉLÉ

OCTOBRE 2002

« Dans l'excellente émission *Les accros de la télé*, diffusée sur Arte, un gamin à qui on demande s'il y a des images dont la violence lui est insupportable sur le petit écran, répond : « Oui, quand on tue des chiens, parce que j'aime trop les chiens. »

Le journaliste lui demande : « Et quand tu vois des hommes mourir ? »

Le môme a cette réponse terrible : « Quand c'est des hommes qui meurent, ça me fait rien, on en voit tout l'temps, des hommes mourir, on est habitué. »

Y A UN DÉBUT À TOUT

JANVIER 2002

J'ai regardé l'autre soir l'émission de Daniela Lumbroso. Il y a quelques mois, elle affirmait avec force qu'elle était journaliste et fière de l'être, et que les émissions de divertissement, pour elle, c'était terminé. Et aujourd'hui, qui anime un truc qui s'appelle *Y a un début à tout* ? Qui anime du sous-Arthur dans lequel on montre à des invités leurs premières images télé pour qu'ils s'exclament : « Oh ! non, c'est pas vrai, mais où vous avez trouvé ça ? », alors que ce sont eux qui ont amené la cassette ?

Parmi les invités, il y avait Gérard Klein, et on nous a expliqué à quel point il avait innové en radio. On le voyait sur France Inter, il disait : « Salut, c'est Klein ! » Remarquez, il continue à faire de la radio et à innover, puisqu'on peut toujours l'entendre hurler : « Salut, c'est Klein ! » Sauf qu'après, il enchaîne en disant : « Chez les Mousquetaires Intermarché, les crevettes de Norvège sont à 5 euros le kilo, alors faites comme moi, précipitez-vous, ce soir y en aura plus ! » En fait, lui, il se précipite chez Intermarché pour toucher son cachet, avec lequel il fait ses courses chez Fauchon !

Et puis on a vu un reportage sur les vedettes qui vont donner leur spectacles devant les soldats, sur le front. Sur des images récentes, on voyait Whitney Houston ou Mariah Carey en Afghanistan, devant des GI's bouche bée… Eh bien, l'armée française n'est pas en reste, puisque notre contingent au Kosovo a eu droit à un spectacle… de Franck Dubosc !… Pendant la guerre du Golfe, ils avaient eu Mylène Farmer, ensuite, à Sarajevo, Fabienne Thibault. Bon, là, déjà, ils faisaient la gueule. Et maintenant Franck Dubosc !… On voyait les bidasses dans la salle qui attendaient Loana. Ils commençaient déjà à crier : « À poil ! » Quand ils ont vu arriver Dubosc, ils ont dit : « Bon, c'est pas tout ça, mais c'est à mon tour d'aller monter la garde !… »

Y A PAS PHOTO

FÉVRIER 2002 (1)

Qu'on ne compte pas sur moi pour raconter les conneries de TF1, qui lundi soir, avec Bataille et Fontaine, a encore baissé le niveau. On ne croyait pas que c'était possible, on se disait : « Ils sont au niveau zéro, ils ne peuvent pas descendre plus bas… » Eh bien, si ! Maintenant ils creusent dans la connerie, ils vont bientôt arriver en Chine ! Quand je pense, cher Stéphane, que TF1 vous a viré comme un malpropre du lundi soir, vous contraignant – c'est à peine si j'ose le dire –, à vendre votre corps d'albâtre à de vieilles veuves aristocratiques, tout ça pour mettre à votre place Bataille et Fontaine !… Mais, à côté de *Y a pas photo*, votre émission *Célébrités* était un chef-d'œuvre ! Même à l'époque d'Alexandra Bronkers ! Non, là je déconne…

Donc, dans un souci de rigueur et afin d'élever le niveau de cette chronique, je ne ricanerai pas aujourd'hui de *Y a pas photo*. Trop facile.

À la place, j'ai regardé Arte. Tout d'abord, un documentaire remarquable intitulé « Charles Rozman, un thérapeute social ». C'était passionnant, puisqu'en s'inspirant des techniques des thérapies de groupe, Charles Rozman a mis au point de nouvelles méthodes permettant de recomposer le tissu social déstructuré. Je me suis régalé !… Ensuite, j'ai regardé *Ontario, le pays aux mille lacs.* Qu'est-ce que c'était bien ! Quand je pense qu'au même moment Fontaine et Bataille faisaient une émission spéciale sur les particularités physiques avec Pépito, le garçon péruvien qui possède deux quéquettes ! Et moi, pendant ce temps-là, je me cultivais avec *Ontario, le pays au mille lacs.* « Aux confins des forêts canadiennes, le lac Ontario, ourlé de vaguelettes, vient lécher les racines des grands sapins… Au loin, on voit parfois passer un orignal qui vient boire… Le silence est troublé de temps à autre par l'envol d'un marchicart doré, dont l'envergure peut atteindre 2 mètres... » Hein ? C'est chiant ? Oui, c'est très chiant. Et pour être honnête, à l'envol du marchicart doré, j'ai zappé sur Bataille et Fontaine, qui traitaient aussi de la faune sauvage puisqu'une chroniqueuse nous montrait des images de singes verts. Les singes verts dont on se demande pourquoi ils s'appellent ainsi puisqu'ils sont blancs. Mais surtout, qu'ils possèdent un zizi orange et des testicules bleus...

Bon, comme vous insistez, je vais vous raconter l'histoire des singes à la quéquette orange et aux testicules bleus : une chroniqueuse est venue nous expliquer que certains animaux avaient des particularités physiques surprenantes. En langage de *Y a pas photo*, « une particularité physique surprenante », ça veut dire une quéquette rigolote. Et là, effectivement, c'était rigolo, puisque ces singes blancs possédaient une quéquette orange et des testicules bleus, que ces couleurs étaient nécessaires à la parade nuptiale, car plus elles étaient vives, plus elles attiraient les femelles.

Ensuite, toujours dans le même registre, on a eu droit à « l'animal qui possède le zizi le plus long ». Je ne vous dirai pas lequel...

Après, on nous a montré l'homme le plus grand de France, 2 mètres 14. Le type exerce le métier de poseur de faux plafonds. La chroniqueuse lui a posé la question la plus idiote de la semaine à la télé : « Mais pour quelle raison vous avez décidé de poser des faux plafonds ? »

On a vu aussi une Américaine aux ongles de 60 centimètres, une autre qui sortait ses yeux de ses orbites –

un peu comme Lara Fabian. Vous avez remarqué, Lara Fabian, elle a des gros nieunieus qui sortent des orbites ?

Et puis est arrivé le yogi Koudou. Lui, c'est un yogi spécialisé dans les émissions de merde. Il les fait toutes, je l'ai déjà vu dans *C'est mon choix*, chez Julie Snyder, au *Télé-achat*... enfin, dès qu'on veut racoler le public avec de la pseudo-méditation ou de la spiritualité de Prisunic, on fait appel à lui. Alors il est arrivé, et pour dire bonjour aux deux ravis de la crèche, il ne leur a pas serré la main, mais le bras. À cause de « la pyramide de la vie », qui se cache dans la paume de la main et qu'on abîme à chaque fois qu'on serre la main de quelqu'un. Il faut donc secouer le bras ou une autre partie du corps de votre interlocuteur, mais pas la main !

La particularité du yogi Coucou, c'est qu'il est capable de faire l'amour pendant vingt-quatre heures d'affilée. Alors là, que les âmes sensibles s'éloignent, je suis obligé de donner des détails médicaux. Le yogi Coucouroucou nous a expliqué qu'à chaque pénétration l'homme inspire, ce qui provoque une contraction augmentant le volume sanguin. Donc, il ne faut pas respirer. Et là, vous pouvez tenir aussi longtemps que vous voulez ! Donc, lui, il a arrêté de respirer pendant vingt-quatre heures... Je me demande s'il se fout pas un peu de nous, le yogi Coucouroucoucou Paloma !

Et, enfin le chef-d'œuvre, le point d'orgue : Pépito, le petit Péruvien aux deux zizis. Le reportage commence par une image surréaliste du garçon en train de faire pipi contre un mur écrasé de soleil, et à la place de la marque que laissent tous les garçons, lui, il fait deux marques. La voix *off* : « Quand Pépito décide de faire pipi dans la nature, il est obligé de jongler avec ses deux pénis… » Et là, on interviewe Pépito qui explique que, comme il possède aussi deux vessies, il fait faire pipi à ses deux zizis en même temps. Mais ça lui pose des problèmes de synchronisme, car il y en a un qui commence en retard ! Et pour finir, c'est pareil : à la fin, il faut bien qu'il pense à secouer les deux !

Je ressens comme un vertige à vous raconter ça, mais le pire restait à venir puisque, abordant ce sujet sur le plan médical, on interviewa le médecin de Pépito qui montra la photo du double sexe. Tout était en double ! Ça me rappelle une vieille pub : « Un foie, deux reins, trois raisons de boire Contrexéville. » Là, c'était : « Deux zizis, quatre couilles, six raisons de passer à *Y a pas photo* !… » Et la voix *off* poursuit : « Pépito a épousé la plus jolie fille de son village, mais il refuse de nous dire avec lequel de ses pénis il a réussi à lui faire ce magnifique bébé qu'elle tient dans ses bras. » Là, évidemment, on imaginait toutes les possibilités qui s'offraient à madame Pépito…

En éteignant le poste, je me disais que le type aux deux quéquettes était présenté par deux trous du cul. Finalement, y a une logique.

FÉVRIER 2002 (2)

Grand moment rigolo et affligeant de ces derniers jours, *Y a pas photo*, présenté par les deux hyènes rieuses, Bataille et Fontaine. Lundi, ils recevaient des invités de prestige, Bernard Montiel, Larusso et Sophie Favier. Une sorte de *dream team* de la connerie universelle…

La bonne nouvelle, c'est que Larusso a changé de look et n'a donc plus cet *alien* accroché sur la tête. Bon, malgré tout elle avait un problème, elle avait dû consommer des cacahuètes dans sa loge avant l'émission, parce qu'un relief alimentaire était resté coincé dans un de ses plombages. Au début, elle pensa débloquer la parcelle d'arachide grâce à sa langue… On pouvait suivre les déplacements grâce à la bosse sous la peau de ses joues. C'est à ce moment-là que Bataille et Fontaine lui ont demandé si le look pour elle était important et qu'elle a répondu : « Je dois être parfaite, car je suis une donneuse de rêve ! » Et c'est vrai qu'avec sa langue qui farfouillait dans sa dent creuse, Larusso nous donnait du rêve… En tout cas, elle nous laissait rêveurs !

À part ça, l'émission a été comme d'habitude… On a eu droit à un sujet sur les implants d'abdos pour hommes – j'ai essayé, ça marche, je porte le grand modèle –, et ensuite on nous a expliqué qu'un tiers des hommes jugeaient qu'ils avaient un sexe trop petit. Comme je ne veux pas aller à la facilité, je ne ferai pas de commentaires. Sachez néanmoins qu'on voyait un monsieur qui avait gagné 6 centimètres de circonférence.

Puis il y eut un reportage sur un type présenté comme « le tailleur des stars », puisqu'il s'occupe de Jean-Pierre Foucault et David Douillet. C'est donc le type qui fait à Foucault ses pantalons trop courts, qui laissent apparaître au-dessus de la chaussette cette bande de peau bleutée lorsqu'il est assis sur le plateau de *Qui veut gagner des millions ?* Donc, vous avez compris, évitez ce type-là ! Tiens, quitte à vous faire charrier, habillez-vous plutôt en Dormeuil !

Ensuite est venue une chroniqueuse prénommée Fanny, qui nous a expliqué que son prénom signifie « foufoune » en anglais – donc Fanny Ardant, il y a une faute de français, on doit dire Fanny Ardente. Elle nous a aussi commenté un reportage sur une boutique londonnienne qui s'appelle justement Fanny et qui est un salon de coiffure pour… Bon, vous avez « coiffeurs pour dames », « coiffeurs pour hommes », là, c'est « coiffeur pour chattes » !… On voyait donc le type qui coupait aux ciseaux, faisait un shampooing aux œufs, pour finir par un brushing. Plus le rituel que font tous les coiffeurs lorsqu'ils ont terminé, faire le tour avec un miroir en vous demandant : « Ça vous convient ? » Eh bien, là, il faisait pareil ! Il mettait le miroir sous la dame en disant : « Ça vous convient ? », et la cliente répondait : « C'est parfait ! »

Ils font aussi des teintures pour celles qui ont des cheveux blancs… Vous devriez envoyer la princesse de Chimay, Stéphane ! Ils faisaient des teintures de couleurs, leur spécialité étant de teindre le drapeau anglais. Il paraîtrait même que la reine s'est fait teindre un drapeau anglais ! À ce moment-là, Bernard Montiel a dit : « On va demander à Stéphane Bern de vérifier… »

Ensuite, il y eut un grand moment. Je vous ai déjà parlé d'une publicité pour des applications de caviar, eh bien, dans *Y a pas photo*, on a eu droit à l'esthéticienne qui fait ce genre de massages. Ça se passe dans une baignoire que la dame remplit d'un mélange de caviar, de kiwi et d'avocat – donc, dès que vous entrez dans la baignoire, en plus du caviar, du kiwi et de l'avocat, il y a votre vomi !...

Au retour plateau, Larusso, surprise, était encore en train d'essayer de déloger l'arachide avec l'ongle de son index. Alors, pour sauver la face, elle a dit : « Ah ! moi, je fais des masques aux céréales. » Vous imaginez la scène, les corn flakes trempés dans le lait et collés sur le visage de Larusso...

Puis on a vu un masseur spécial qui travaille dans les grands hôtels. Il attache une corde en travers de la pièce, il vous enduit d'huile d'olive et il vous piétine. La corde lui sert à se rattraper – eh oui, parce qu'il glisse !

Mais le clou de l'émission fut la séquence au cours de laquelle une invitée surprise fit son entrée. Une star donc, qui venait livrer son secret de beauté. Cette star n'était autre que... Sophie Favier. Bataille et Fontaine lui demandent : « Alors, Sophie, quelle est votre recette du bonheur ? » Et Sophie répond : « Eh bien, voilà, j'ai toujours un tube de vaseline dans mon sac ! » En fait, elle explique qu'elle s'enduit de vaseline pour avoir une belle peau. Les animateurs : « Mais votre fiancé, ça ne le gêne pas, la vaseline ? » Sophie : « Non, c'est juste un peu gênant quand je vais l'acheter à la pharmacie ! » Et elle enchaîne : « Et puis, comme autre secret, j'ai le chocolat. » Bataille : « Vous le mettez sur la vaseline ? — Non, non, je le mange ! ».

À la fin, il y eut les travaux pratiques : les deux animateurs s'installèrent sur des fauteuils et on leur badigeonna le front de *guacamole*, les joues de purée, le menton de miel, puis on recouvrit leurs yeux avec deux rondelles de concombre avant de leur écraser des œufs sur la tête !

Y A QUE LA VÉRITÉ QUI COMPTE

SEPTEMBRE 02

Stéphane Bern a ses habitudes dans un restaurant proche de la Maison de la Radio. En entrée, il prend généralement un caviar d'aubergines avec sa purée d'ail, suivi d'un tartare de saumon accompagné d'une confiture d'échalotes. Vous comprenez donc pourquoi nous bénissons le ciel que cette émission ait lieu avant le déjeuner ! Tous les journalistes qui ont interviewé Stéphane Bern après le déjeuner vous le diront, ils ne sont pas près d'oublier ces effluves subtiles d'aubergines, d'ail pilé et d'échalotes confites, qu'un reflux gastrique intempestif oblige Stéphane à évacuer en les glissant dans chacun des *s* de ses phrases. Bref, vous l'avez compris, l'après-midi de Stéphane Bern possède une haleine qui rappelle la cuisine d'un bouge de Patras.

Il y a quelques jours, déjeunant moi-même dans cet établissement, je me suis retrouvé à la table voisine de celle qu'occupaient Bataille et Fontaine, les deux comparses de TF1. Compte tenu de la véhémence de mes chroniques sur leurs émissions, je les surveillais du coin de l'œil, n'excluant pas l'éventualité d'une rixe à la fin du repas. Aussi, quelle ne fut pas ma surprise lorsqu'au contraire ils vinrent me saluer, souriants, débonnaires et élogieux ! En les voyant sortir du restaurant, tandis que Fontaine, d'un geste élégant, remettait en place un testicule coincé pendant le déjeuner, je me disais qu'il me serait désormais difficile de dire du mal de leurs émissions tant ils étaient sympathiques.

C'est donc avec bienveillance que j'ai regardé hier leur nouvelle émission intitulée *Y a que la vérité qui compte.* Voici le principe : une personne qui a quelque chose à dire à une autre personne, et n'ose pas le faire parce que c'est trop intime, la fait venir à la télé pour lui dire devant des millions de personnes cette chose trop intime pour être dite en tête à tête. Mais l'autre personne ne sait pas pourquoi elle est là. On lui dit : « Tiens, vous allez passer dans une émission de Bataille et Fontaine, mais on ne vous dit pas pourquoi », et le type répond : « Ouais, super ! »

Hier, l'émission commence avec Brigitte, assistante comptable, qui est donc venue sans savoir pourquoi. Le pourquoi, c'est son ancien mec, Olivier. Ils ont vécu ensemble, mais, dit-il, « on s'est séparés à la suite d'une grosse dispute ». Les deux, ravis, la mine gourmande : « Ah ? Une grosse dispute ? Mais quoi, exactement ? » Olivier : « Ben... je l'ai humiliée. » Et là, Bataille a cette phrase extraordinaire : « Sans entrer dans le détail, Olivier, qu'est-ce que vous lui avez fait précisément ? » Ils avaient l'œil luisant... Derrière cette question du « comment », on devinait : « Tu l'as frappée ? Tu l'as torturée ? Il y avait des ustensiles ? Des animaux ? » L'autre : « Ben... j'ai été violent. » Pour être honnête, on s'en doutait qu'il avait été violent ! Rien qu'à voir l'œil gauche de Brigitte, tout rouge avec les vaisseaux éclatés !...

Du coup, les deux ravis lui demandent : « Mais qu'est-ce qui nous prouve que vous avez changé ? » Et le type : « Ben... je viens à la télé ! » C'est drôle, mais ce genre de phrase me laissait plutôt penser le contraire ! Et Brigitte, la femme humiliée, humiliée de nouveau hier soir à la télévision, explique qu'elle doit se soigner et refuse d'ouvrir le rideau à Olivier, dont tout l'entourage saura désormais qu'il est un connard qui frappe les femmes !

Ensuite on a eu droit à David, boulanger. Le genre Félicien du *Loft* – vous vous souvenez du blaireau landais ? On demande à David ses goûts. Il répond : « Faire la fête avec des amis en boîte de nuit. » On lui demande s'il sait pourquoi il est là : « Non, j' vois pas. — Pas trop stressé ? — Ben non, pas du tout ! » Il pensait qu'il allait retrouver ses potes...

Mais, derrière le rideau, il y avait Cendrine, qui explique qu'ils se sont rencontrés en boîte de nuit, qu'ils ont vécu un amour très intense, mais très court : David a rompu, il a dit qu'il n'était pas prêt à vivre une relation, qu'il voulait prendre du recul. Pas prêt à vivre une relation, ça veut dire que David l'avait draguée au Macumba et qu'il l'avait tirée sur le parking dans sa BX Leader avec le pare-soleil, le petit sapin désodorisant et les boules de bois sur le dossier, et qu'après une furtive étreinte il avait dit à Cendrine : « Bon, ben c'est pas tout ça, mais il faut que j'y aille... » On comprenait enfin que depuis ce jour Cendrine n'avait cessé de le relancer. On devinait qu'elle l'attendait des heures sous la pluie devant la boulangerie, qu'elle lui avait écrit des lettres que l'autre ne voulait pas lire, ne pouvait pas lire puisqu'il ne savait pas, bref, qu'elle était une sorte d'Adèle H…

David entre sur le plateau et, voyant apparaître le visage de Cendrine, souffle d'énervement, du genre : « Pfff… C'est pas vrai, encore elle ! » Et l'autre : « David, tu sais que je tiens à toi… — Mais oui, mais on en a déjà parlé ! » Cendrine : « Oui, mais je t'aime. » David : « Oui, mais on en a déjà parlé, moi j'aime faire la fête, faut pas tout mélanger ! »

Là, le sous-titre en-dessous était : « David va-t-il ouvrir le rideau ? » Bataille et Fontaine : « David, prenez votre temps, car nous allons marquer une petite pause. » La pub, puis retour plateau : « David, réfléchissez encore un peu. — Non, non, c'est tout réfléchi !… » Et là, derrière le rideau qui ne s'ouvre pas, Sandrine sait. Elle a tenté cette prise d'otage, mais le piège s'est refermé et la voilà seule. Et Fontaine qui dit : « Ben voilà, au moins maintenant vous ne vivrez plus dans les fantasmes et les chimères. » Et Cendrine part dans sa loge en marchant mécaniquement…

Il y eut ensuite le cas de Cécile et Jean-Vincent :
« Cécile, vous ne savez pas pourquoi vous êtes là ?
— Non.
— Vous exercez le métier de responsable de magasin.
— Non.
— Ah ! bon ? Vous n'êtes pas responsable ?
— Si, je suis responsable dans un magasin.

— Ah ! bon, donc vous êtes responsable…
— Je suis responsable de ma caisse.
— Bon. Vous rêviez de passer à la télé, donc déjà c'est un rêve qui se réalise.
— Euh… oui… »

Pendant ce temps, dans la loge du studio, les deux reçoivent Jean-Vincent. On apprend que c'était auparavant le petit copain de Cécile et qu'il était très jaloux, au point d'être violent. Évidemment elle est partie avec un autre, et on voit Jean-Vincent dans la chambre où ils ont vécu avant qu'elle ne s'en aille, et où elle a juste laissé des sous-vêtements sales. Il en renifle un avec nostalgie, et la voix *off* ajoute : « Elle ne lui a rien laissé d'autre que son odeur… » Franchement, c'est d'un goût !

Puis Cécile arrive dans le studio. Elle est séparée de Jean-Vincent par un rideau, mais elle découvre son image à la télé. Et là, manque de pot, elle le prend mal : « Mais qu'est-ce que tu fais là ? » Lui, pleurnichard : « Reviens, je vais changer, je ne serais plus jaloux ! » Elle : « Mais c'est pas possible… » On comprenait qu'elle avait un nouveau mec, qui de plus n'était pas éjaculateur précoce, et que Jean-Vincent allait encore renifler longtemps ses petites culottes… Et Cécile l'achève en lui disant : « Tu croyais que, parce que tu me faisais venir à TF1 devant tout le monde, les choses allaient changer ? » L'autre : « Mais non, mais reviens, je changerai ! » Et là, on comprenait que sa démarche était la preuve qu'il n'avait pas changé !

Cécile est repartie en coulisses retrouver son nouveau mec, et Jean-Vincent, humilié devant la France entière, est parti se jeter dans la Seine.

Vous l'avez compris, tout est ignoble dans cette émission. L'invité qui prend l'autre en otage, puisqu'il le fait venir à la télé et déballe son intimité sans lui demander son avis, l'autre invité qui accepte de venir sans savoir de quoi il s'agit – c'est-à-dire qu'il est prêt à tout pour passer à la télé.

On a donc, face à face, un enfoiré et un con. Et tout ça présenté par Bataille et Fontaine, sympas comme au restau avec moi, le même sourire bienveillant – sauf qu'ils ne se remettent pas les couilles en place à l'antenne !

OCTOBRE 2002

Hier soir, j'ai regardé *Y'a que la vérité qui compte.* Une dame de 55 ans voulait retrouver son premier amour. Elle explique : « C'était il y a 32 ans, et depuis je l'ai toujours attendu. Il était beau, rebelle et romantique, et là on voit le fiancé dans la loge. Ah la vache, il avait changé Gérard Philippe. Évidemment, en 32 ans, il était devenu un papy à la retraite, pour vous donner une idée, la dame avait aimé le Jean Gabin de *Quai des brumes,* et là elle se retrouvait avec celui qui jouait le vieux mari retraité de Simone Signoret dans *Le Chat.*

En découvrant le visage de son ancien amoureux sur un écran de contrôle, la dame pose sa main sur sa bouche de terreur et s'écrie dans un souffle : « c'est pas possible ». En plus, le vieux respirait très fort, on lui devinait une insuffisance respiratoire, une vie pépère, son atelier dans le garage où il bricolait et des samedis à Auchan.

Il ne savait pas pourquoi il était là, on lui avait dit qu'il allait assister à l'émission de Lagaff, et lorsqu'on lui a montré la dame en lui demandant s'il l'a reconnaissait, il répond :
— Non, j'vois pas.

Bataille et Fontaine :
— Vous êtes sûr que vous la connaissez pas ?

Le vieux :
— Non, pourquoi j'devrais ?

Les deux ravis :
— C'est une très jolie femme.

Le vieux :
— Oh vous savez ch'ui venu avec la mienne, alors moi, maintenant les femmes.

À cet instant, Bataille et Fontaine comprennent que l'émission tourne au fiasco, la femme ne veut pas de ce vieux con, quand au papy qui s'est marié il y a 30 ans, qui est grand-père, et qui pendant toutes ces années n'a pas pensé une seule seconde à cette pauvre femme se demande ce que lui veut cette vieille.

Bataille et Fontaine décident d'arrêter le massacre et concluent en disant :
— Bon et bien vous allez pouvoir discuter en toute amitié.

Alors le vieux leur donne le coup de pied de l'âne :
— Oui, c'est ça, on va discuter... avec ma femme.

NOVEMBRE 2002

J'ai vu hier dans l'émission de Bataille et Fontaine, une scène atroce où un type venait demander à son ex-femme de reprendre la vie commune. Enfin, plus exactement, il disait : « Je comprends qu'elle soit pas prête à reprendre la vie avec moi mais on pourrait faire des trucs. » Bon, on comprenait qu'il avait envie de baiser.

Alors Bataille et Fontaine lui disent : « Oui, mais pourtant vous avez abandonné votre femme avec vos deux enfants en bas âge. »

Alors, le type répond : « Oui, c'est vrai, mais c'est parce que j'étais trop jeune ; à 38 ans, j'étais pas prêt à élever des enfants. »

Je vous ai dit que ça s'appelait *Y'a que la vérité qui compte.*

À TF1, y'a jamais de vérité, mais on fait toujours les comptes.

Donc, l'émission s'appelle *Y a que la vérité qui compte.* C'est une émission produite par des enfoirés, présentée par des enfoirés, sur une chaîne enfoirée. Il fallait le dire, car « y a que la vérité qui compte » !

Péroraison

En ce dimanche d'automne, la nuit tombait.

C'est terrible un dimanche de Novembre à la nuit tombante, quand il pleut et que la guerre menace en Irak.

Alors, pour oublier le lundi matin qui rôde déjà, on allume la télé. Et là, sur TF1, on tombe sur *Vidéo Gag* présenté par Bernard Montiel et un singe. Un vrai singe qui a remplacé la blonde co-animatrice ce jour-là.

Bernard Montiel dit au singe : « Maintenant, nous allons voir des chutes dans les mariages et tu vas voir, quand on se marie en grandes pompes, on trébuche. »

À cet instant, le singe a posé ses mains sur ses yeux.

Dans le questionnaire de Proust on demande : « Quelle est pour vous le comble de la misère humaine ? »

Je répondrais : « Regarder *Vidéo Gag*, un dimanche d'automne à la nuit tombante. »

"Chroniques tendrement féroces"

J'vous ai apporté mes radios
Guy Carlier

Avec l'humour et le mordant qui le caractérisent, Guy Carlier s'est imposé en quelques mois comme l'un des chroniqueurs vedettes de France Inter. On retrouve ici 60 lettres qu'il a écrites pour France Musique ou pour l'émission "Sept-neuf". De janvier à juin 2002, il nous livre ses impressions, ses réflexions, ses espoirs et ses craintes par rapport au monde qui l'entoure, qu'il soit politique, culturel, intellectuel ou sportif.

(Pocket n°11986)

Achevé d'imprimer sur les presses de

BUSSIÈRE

GROUPE CPI

à Saint-Amand-Montrond (Cher)
en mars 2005

POCKET - 12, avenue d'Italie - 75627 Paris Cedex 13
Tél. : 01-44-16-05-00

— N° d'imp. : 50553. —
Dépôt légal : février 2004.
Suite du premier tirage : mars 2005.

Imprimé en France